BIER-ESSIG

TOMATEN-ESSIG

BIRNEN-ESSIG

HIMBEER-ESSIG

MARILLEN-ESSIG

BALSAM-BIRNENESSIG

ZWETSCHKEN

QUITTEN-

KIRSCHEN-ESSIG

Alois Gölles

DAS NEUE ESSIGBREVIER

Ein Handbuch für mehr Genuss mit edelsaurer Würze

IMPRESSUM

Herausgeber: Alois Gölles
Konzept und Redaktion: Alois Gölles, Werner Meisinger; Mitarbeit: Mareike Anderten
Grafische Gestaltung: Andrea Schlegl (Büro Meisinger / Wien)
Fotos: Herbert Lehmann, Luzia Ellert (S. 72, 136–143), Valerie Rosenburg (S. 5, 24, 131, 137), Michael Zechany (S. 123), istockphoto/ Asher Welstead (S. 134)
Illustration (S. 6): Stuart Matthews
Mit Texten von Rudolf Novak (S. 7 ff.), Elisabeth Ruckser (S. 75 ff., 119 ff.)
Fachliche Beratung, Rezepte, Foodstyling: Hans-Peter Fink

Druck und Bindung: Holzhausen / Wien

ISBN 978-3-200-01218-9

Printed in Austria

INHALT

ACETVM
ssig

ELEFANTENTRANK & SCHÖNHEITSELIXIER

Treu begleitet der Essig die menschliche Kulturgeschichte: Sumerer und Babylonier schätzten ihn als Konservierungsmittel, der römische Gourmetkoch Apicius lobte ihn in seinen Kochrezepten, Casanova empfahl ihn als Aphrodisiakum, und Kaiserin Sisi nutzte den Essig in ihrem Streben nach noch mehr Schönheit und ein wenig Wohlbefinden.

Wie und warum durch die Oxidation von Alkohol Essigsäure entsteht, hat als Erster der britische Chemiker Sir Humphry Davy am Beginn des 19. Jahrhunderts wissenschaftlich schlüssig zu erklären vermocht. Der Prozess selber und wie man ihn sich zunutze machen konnte, war indessen schon in vorgeschichtlicher Zeit bekannt. Auf dem Gebiet der alten sumerischen Stadtstaaten Mesopotamiens haben Archäologen Amphoren zutage gefördert, in denen sie Spuren von achttausend Jahre altem Essig nachweisen konnten. Zweitausend Jahre bevor sich in Ägypten die ältesten Mühlen auf Erden drehten, dreitausend Jahre ehe die Sumerer das erste Schriftsystem der Menschheit entwickelten und siebentausend Jahre ehe in Griechenland das älteste Stück abendländische Literatur geschrieben wurde, gehörte Essig also bereits zu den Errungenschaften der menschlichen Zivilisation. Nicht so sehr als Speisewürze, sondern vielmehr als Konservierungsmittel war er unendlich wertvoll für die Bewohner der Alten Welt. Zwar blieben Fisch, Fleisch und Gemüse länger genießbar, wenn sie in Salz statt in Essig eingelegt wurden, dafür konnte man Essig praktisch überall und ohne großen Aufwand erzeugen. Auch in den von Klima und Bodenbeschaffenheit weniger begünstigten Gebieten brauchte man die kostbare Substanz nicht zu entbehren. Denn nicht nur Weintrauben, Datteln, Äpfel oder Feigen erwiesen sich als taugliche Ausgangsmaterialien der Essigproduktion, sondern auch Gerste, die noch auf kargem Terroir gute Erträge bringt. Salz hingegen musste von den natürlichen Lagerstätten oder von den Meeresbuchten, wo es durch Verdunstung gewonnen wurde, oft Hunderte Kilometer durch unwegsames Gelände zu den menschlichen Siedlungsplätzen transportiert werden.

Die Erkenntnis, dass Essig Speisen nicht nur länger haltbar macht, sondern auch geschmacklich enorm bereichern kann, setzte sich erst ein paar Jahrtausende später in der guten Küche des Imperium Romanum durch. Vor allem in den ersten beiden nachchristlichen Jahrhunderten gehörte es bei den reichen Römern zum guten Ton, Festgäste mit Dutzenden, möglichst ausgefallenen Delikatessen bis an die Grenze ihrer körperlichen Leistungsfähigkeit zu laben. Der Essig spielte dabei keine geringe Rolle.

In besonders extensiver Weise wurde die extreme Art der Gastfreundschaft im Hause des Marcus Gavius Apicius gepflegt. Dieser antike Gourmet und Gourmand scheute weder Geld noch Mühen, um seine Tafel mit Extravaganzen in der Art von gebratener Flamingozunge, gefüllter Haselmaus oder geschmortem Papageienfisch mit Muränenmilch zu bereichern. Veritable Flotten stachen in seinem Auftrag in See, auf dass exotische Köstlichkeiten aus der gesamten damals bekannten Welt den Weg nach Rom fänden. Rund hundert Millionen Sesterzen soll ihn sein opulenter Lebensstil insgesamt gekostet haben – dafür hätte man beispielsweise 25.000 Hektar bestes Ackerland, 300 prachtvolle Landhäuser oder 60.000 Sklaven erwerben können. Derlei Prasserei ging nicht gut aus. Als Apicius' Vermögen auf zehn Millionen Sesterzen zusammengeschmolzen war und er sich folglich einer etwas bescheideneren Haushaltsführung hätte anbequemen müssen, wurde der ehemals so lebenslustige Feinschmecker und Kenner aller Delikatessen dieser Welt von Schwermut übermannt und setzte seinem irdischen Dasein mit Gift ein Ende.

> Sauer und besonders süß-sauer waren die bevorzugten Geschmacksrichtungen in der römischen Haute Cuisine

Neben einer immer noch recht stattlichen Summe Geldes hat Apicius seinen Erben ein Kochbuch hinterlassen, aus dem uns rund 300 Rezepte überliefert sind. Bei fast jedem zweiten davon steht Essig auf der Zutatenliste – sauer und besonders süß-sauer waren damals die bevorzugten Geschmacksrichtungen der römischen Haute Cuisine. Wobei die antiken Feinschmecker sehr genau wussten, dass *acetum* nicht *acetum* ist. Wahre Connaisseure griffen vorzugsweise auf die exquisiten Essenzen zurück, die um sündteures Geld aus dem südlichen Griechenland und aus Ägypten importiert wurden.

Essig für die „Maultiere des Konsuls" und Hannibals Elefanten

Erheblich weniger erlesen war der Essig, den die römischen Soldaten als Teil ihrer Feldverpflegung erhielten. Ihnen sollte damit auch weniger der Gaumen umschmeichelt als vielmehr die Ausdauer gestärkt werden. Denn neben vielen anderen segensreichen Eigenschaften schrieb man dem Essig auch die Wirkung eines kräftigenden Tonikums zu.

Therapeutikum gegen Behexung, Vampirbisse und Geldsorgen, für Casanova ein Aphrodisiakum

Ein solches war gewiss nicht verschwendet an die Legionäre, die wegen ihres schweren Marschgepäcks von den Zeitgenossen auch *muli Mariani* genannt wurden – Maultiere des Konsuls Marius, dessen Heeresreform sie die gewaltige Last auf ihrem Rücken zu verdanken hatten. Rüstung, Lang- und Kurzschild, Kochgeschirr, Proviant, Gepäckstange, Werkzeug und Reservekleidung summierten sich auf annähernd fünfzig Kilogramm, die pro Tag zehn oder zwölf Kilometer weit geschleppt werden mussten und, wenn der Feldherr es eilig hatte, auch noch weiter.

Ebenso vertraute man im Heer des Erzfeindes der Römer auf die leistungssteigernde Wirkung von Essig. Bei den Karthagern wurde er indessen nicht allein an die Mannschaften ausgegeben. Ehe sie schwer beladen zum Marsch über die Alpen antreten mussten, bekamen auch Hannibals Elefanten eine kräftige Portion Essig in das Trinkwasser gemischt.

Zudem verdeckte beigemischter Essig gnädig die geschmacklichen und olfaktorischen Mängel des Wassers von oft zweifelhafter Qualität, mit dem die Soldaten im Feld nicht selten vorliebnehmen mussten. Auch unbedenkliches Quellwasser wurde jedoch gerne mit einem Spritzer Essig veredelt – eine solche *posca* war angenehm säuerlich erfrischend und hatte gegenüber gewässertem Wein den Vorzug, dass auch größere Mengen den Verstand nicht trübten.

In ein derartiges nach Legionärsart zubereitetes Essig-Wasser-Gemisch war sehr wahrscheinlich auch der Schwamm getaucht, den ein römischer Soldat nach Auskunft der Evangelien dem gekreuzigten Jesus an die Lippen gehalten hat. Nicht Grausamkeit, wie häufig zu Unrecht unterstellt wird, hat ihn also offenbar dabei geleitet, sondern das barmherzige Bemühen, die Leiden des Sterbenden zu lindern.

Hoch geschätzt war in der römischen Armee nicht zuletzt ein Produkt, das entstand, weil die Soldaten ihre *posca* in Bleiflaschen abzufüllen pflegten. Der Kontakt von Essigsäure und Metall löste eine chemische Reaktion aus, die in einem farblosen Pulver ihren Niederschlag fand. Dieses Bleiacetat versüßte den Militäralltag im Wortsinn, wobei allerdings der Wohlgeschmack um einiges größer war als die Bekömmlichkeit. Durch Untersuchungen von Zähnen und Skeletten römischer Soldaten wurde später der Nachweis erbracht, dass die schleichende Bleivergiftung eine der häufigsten Todesursachen bei den antiken Armeeangehörigen war. Im Licht dieser Erkenntnis hat manch hoch angesehener Altertumsforscher im 19. Jahrhundert dann auch allen Ernstes den Essig als Hauptschuldigen am Untergang des römischen Weltreichs benannt.

Eine der größten und eindrucksvollsten technischen und logistischen Leistungen des alten Rom war der Aufbau eines dichten Handelsnetzes gewesen, das sich über Dutzende Häfen und 80.000 Kilometer Fernstraßen vom Alpenraum bis nach Nordafrika und in den östlichen Mittelmeerraum gespannt hatte. Als das Imperium nach und nach in Stücke brach, kamen auch die überregionalen Wirtschaftsbeziehungen fast völlig zum Erliegen. Nur erlesenste Luxusgüter, die hohe und höchste Gewinne erwarten ließen, boten noch Anreiz für den marginalen Fernhandel, der im frühen und hohen Mittelalter getrieben wurde. Essig gehörte nicht dazu. Erst im 14. Jahrhundert entwickelte sich in Orléans wieder ein Essiggewerbe, dessen Erzeugnisse – vorwiegend aus Wein- und Biermaische hergestellt – zum Gegenstand weiter ausgreifender Handelsbeziehungen wurden. Bis dahin erfolgte die Produktion zu einem kleinen Teil in privaten Haushalten, vorwiegend aber in Klöstern. Dort spürten Ordensmänner und -frauen vor allem der Heilkraft des Essigs nach, die schon Hippokrates gerühmt hatte. Exakte naturwissenschaftliche Beobachtung und mitunter aberwitzige Spekulationen flossen dabei recht ungehemmt ineinander.

Heilsam gegen Sonnenbrand und nützlich für das Liebesfeuer

Kaum ein Ungemach war denkbar, dem man mit Essig nicht hätte Abhilfe schaffen wollen. Er wurde bei Appetit- und Schlaflosigkeit, Verdauungsproblemen und Fieber, Schwellungen und Sonnenbrand, Lethargie und Gereiztheit verordnet und galt darüber hinaus als Wahrheitsserum und wirksames Therapeutikum gegen Behexung, Vampirbisse und sogar Geldsorgen. Noch im 18. Jahrhundert sang Giacomo Casanova in seiner Autobiografie ein Loblied auf die aphrodisierende Wirkung des Essigs, und in Zeiten der Pest stand dieser im Ruf, das einzige Mittel zu sein, das Schutz vor Ansteckung gewähren konnte. Geldstücke und Waren, die den Besitzer gewechselt hatten, wurden mit Essig abgerieben, und wenn die Pestilenz-Ärzte ihre Patienten besuchten, trugen sie zur Abwehr der Bakterien Gesichtsmasken aus Leintüchern, in die verschiedene in Essig getränkte Heilkräuter gewickelt waren.

Seit dem 13. Jahrhundert gehörte ein Essigfässchen auch zum Rüstzeug der Chirurgen. Wer eine Operation nicht ohne jegliche Betäubung über sich ergehen lassen wollte, wurde mithilfe von so genannten Schlafschwämmen in eine tiefe Ohnmacht versetzt. Dazu wurden die Schwämme in eine Tinktur aus den Säften von Alraune, Schierling, Binsenkraut und Mohn getaucht und dem Patienten auf Mund und Nase gedrückt. Die Methode war zwar wirksam, die Dosierung allerdings ein oftmals lebensbedrohliches Vabanque. War ein Kranker robust genug gewesen, die nach heutigen Begriffen oft barbarisch durchgeführten und jeder antiseptischen Vorsichtsmaßnahme entbehrenden Eingriffe zu überstehen, blieb immer noch das Risiko, dass er aus der Narkose nicht mehr aufwachte. Mit Essigtüchern versuchten die Ärzte, diese Patienten ins Bewusstsein zurückzuholen – nicht immer mit Erfolg. Erst ab etwa 1830 gelangten die Mediziner

Lucrezia Borgia, die schönste Frau der Renaissance-Zeit, pflegte jeden Tag ein Essigbad zu nehmen

dank Äther und Chloroform zur kontrollierten Anwendung der Narkose. Bis dahin aber blieben Gebet und Beichte die wichtigsten vorbereitenden Maßnahmen für jeden, der sich dem Chirurgen anvertrauen wollte oder musste.

Gut für Haut und Haare und gegen Hühneraugen

Seit dem Altertum wurde Essig außerdem zur Mehrung und Wahrung weiblicher Schönheit eingesetzt. Tinkturen mit Heilkräutern und Blumenblüten gehörten sehr wahrscheinlich schon zur Anti-Aging-Strategie der Königin Kleopatra, und Lucrezia Borgia, gerühmt als die schönste Frau des Renaissance-Zeitalters, pflegte jeden Morgen ein Essigbad zu nehmen.

Desgleichen vertraute Kaiserin Elisabeth von Österreich auf die pflegende und belebende Wirkung des Essigs. Im Auftrag Sisis stellten die k.k. Hof-Apotheker zahlreiche Mixturen auf Essigbasis her. In Cremes und Lotionen bewahrte er die kaiserliche Haut vor Mitessern und Austrocknung, in Shampoos verlieh er der meterlangen Haarpracht den in ganz Europa bewunderten seidigen Glanz, in Fußbädern half er gegen Schwielen und Hühneraugen, und als Hüftwickel unterstützte er Elisabeths stetigen Kampf um eine schmale Taille mit eindrucksvollen Ergebnissen: Auch im fortgeschritteneren Alter maß die 1,72 Meter große Kaiserin nicht mehr als 50 Zentimeter um die Leibesmitte – woran allerdings eine lebenslange eiserne Diät und ein intensives Ertüchtigungsprogramm mit gymnastischen Übungen, ausgedehnten Wanderungen und sportlichen Parforce-Ritten mindestens ebenso großen Anteil hatten wie der Konsum von Essig.

Der von Sisi als Schönheitsmittel wie in kulinarischer Hinsicht bevorzugte Veilchenessig war nur eine von mehreren hundert Sorten, die einer betuchten Kundschaft in jenen Tagen zur Verfügung standen. Allein die in Lyon ansässige Firma Maille, die die Höfe von Paris, Berlin und Sankt Petersburg belieferte, hatte über 150 Geschmacksrichtungen im Programm.

Als Wissenschaftler gegen Ende des 19. Jahrhunderts immer klarere Einsicht in die chemischen Gesetze der Essigwerdung gewannen, schufen sie die Grundlage dafür, dass das Produkt künftig in großem Stil erzeugt werden konnte. Die nun möglich gewordene industrielle Fertigung ging bei den allermeisten Manufakturen erheblich zulasten der Angebotsvielfalt. Nicht in möglichst großem Nuancenreichtum, sondern in möglichst großen Mengen zu produzieren, versprach von da an am ehesten den wirtschaftlichen Erfolg.

Bei der modernsten heute gebräuchlichen Methode – der Submerstechnik – ist die Essigsäureproduktion in wenigen Stunden abgeschlossen statt in Tagen oder Wochen wie bei den traditionellen Verfahren. Die größte Essigfabrik Europas bringt auf diese Weise mehr als 50 Millionen Liter jährlich auf den Markt. Neben derlei Massenprodukten können sich im kleinen, feinen Segment der gehobenen Genusskultur aber auch die nach alter Tradition hergestellten Essenzen mit erfreulicher Beharrsamkeit behaupten. Und auch die Bezeichnung der Gefäße, in denen der Essig ursprünglich gelagert wurde, hat sich ins 21. Jahrhundert gerettet – auch wenn man heute unter „Sauertopf“ etwas gänzlich anderes versteht als im Mittelalter.

VON DER
FRUCHT ZUR
EDELSAUREN
WÜRZE

Wie Süßes zu delikater Säure wird

In einem heiklen Prozess entsteht aus Zucker Alkohol. Dieser wird von kapriziösen Lebewesen verspeist, wodurch sich Essigsäure bildet. Ein wenig geheimnisvoll ist die Verwandlung von Früchten in feine Säure immer noch und aufregend bei jedem Mal.

Edler Essig ist stets ein reines Naturprodukt. Er wird zu hundert Prozent aus Früchten oder rein natürlichen Ausgangsstoffen wie Bier oder Wein und im Wege von natürlichen Vergärungen gewonnen. Dieser Prozess stellt hohe Anforderungen an das Sensorium des Essigbrauers, er verlangt größte Sauberkeit bei der Verarbeitung der Früchte und nicht zuletzt auch eine ständige Überwachung und präzise Steuerung der Gärprozesse, wofür heute moderne Elektronik hilfreich eingesetzt wird. Nur derart aufwändig hergestellte Essige beinhalten ein hohes Maß an Mineralstoffen, Extraktstoffen, Fruchtsäuren und Aromen, die sich zu einem wahrhaft reizvollen und vielschichtigen Geschmacksbild zusammenfügen.

Freilich gibt es auch Erzeugungsprozesse, die bei geringerem Aufwand „Essig“ ergeben. Nach der traditionellen bäuerlichen Methode wurde über den Winter der Saft von Äpfeln und/oder Birnen in ein Fass gegeben, wo er zu Most vergor. Mit Einsetzen der wärmeren Jahreszeit füllte man den Most in ein Fass mit sogenannter Essigmutter, worauf sich „Essig“ entwickelte. Mehr oder weniger guter, je nachdem, wie der Bauer seine Fässer pflegte und wie der Zufall des Temperaturverlaufs es wollte.

Auf industrielle Weise wird „Essig“ durch Vergärung von Ethylalkohol produziert. Ein solcher, nach dem Gesetz als „Tafelessig“ zu bezeichnender Stoff ist zwar billig, er besteht aber fast vollständig aus Essigsäure und entbehrt jeder kulinarischen Qualität. Von keiner dieser Essigsorten – dem zufällig entstehenden oder der scharfen Industriesäure – ist hier die Rede, sondern von einem reinen Produkt aus Früchten und aufwändiger Manufakturarbeit.

Selektion nach Sorte, Reife und Geschmack

Am Anfang der Erzeugung von feinem Essig stehen einwandfreie und bestens ausgereifte Früchte, guter Wein oder aromatischer Most. Essig kann aus einer Vielzahl an Produkten gewonnen werden, denn alles, was Zucker enthält und daher vergärt, ist theoretisch für die Essigbrauerei geeignet. Manche Früchte verfügen allerdings über deutlich größere Talente für die Essigwerdung als andere, und deshalb kann beispielsweise Tomaten-Essig eine große Köstlichkeit sein, während Essig aus Kartoffeln kaum jemanden recht erfreuen wird.

Wenn es um die Erzeugung wahrhaft vorzüglicher Essige geht, müssen die Früchte über besondere Qualitäten verfügen. Von größter Wichtigkeit ist eine ausgeprägte

DORT, WO DAS BESTE OBST REIFT

Riegersburg im Herzen der Steiermark ist der Ursprung der Essige aus der Manufaktur von Alois Gölles. In dieser sonnenreichen und für den Obstbau prädestinierten Region werden 70 % der Apfelernte Österreichs eingebracht. Aber nicht nur die große Menge an gutem Obst bietet dem Essigbrauer beste Voraussetzungen für die Erzeugung vorzüglicher Essige, es ist auch die Sortenvielfalt. Hier werden noch seltene und alte Apfel-, Birnen- und Zwetschkensorten kultiviert, und auch vorzügliche Wildfrüchte stehen zur Verfügung. Das Obst für die Essige von Alois Gölles reift zum überwiegenden Teil in den eigenen Gärten oder wird aus dem nahen Umfeld des Ortes Riegersburg – dem „Kulinarischen Vulkanland" – bezogen.

VON DER FRUCHT ZUM FEINEN ESSIG

Bestens gereifte und makellose Früchte werden für die Essigerzeugung selektiert, gewaschen und in einer Mühle zu Maische gemahlen. Besonders prädestiniert sind alte steirische Tafelobstsorten wie Maschansker, Holzapfel, Ilzer Rosenapfel, Schafnase oder Reinetten.

Aromatik, denn bei der Essiggärung reduzieren sich ganz unvermeidlich die Fruchtaromen. Es spielt auch die Säure eine dominierende Rolle im Geschmacksensemble des Essigs, sodass nur aus den schmackhaftesten Früchten wahrhaft fruchtiger Essig gewonnen werden kann.

Ein starker Eigengeschmack der Früchte ist allerdings nicht genug. Im Premium-Essig soll auch das Zusammenspiel von Gerbstoffen, Süße und Säure ein ausgewogenes sein. Im Fall von Apfel- und Birnen-Essig kann das erreicht werden, indem man Mostobst- und Tafelobstsorten in einem passenden Verhältnis zusammenführt. Mostobst bringt viel Gerbstoff, der den Essig bekömmlich macht, aber nur bis zu einem gewissen Maß am Gaumen als angenehm empfunden wird. Tafelobst hingegen fehlt diese Rassigkeit fast völlig. Es ist geprägt von geschmeidiger Fruchtsüße, die aber für sich allein einen recht undifferenzierten Geschmackseindruck hinterlassen würde. Erst die Verbindung der herben Mostobstnoten mit der fülligen Süße des Tafelobsts ergibt jenes Aromageflecht, das feinen Essig kulinarisch so interessant macht.

Zum Lob der alten Sorten

Im steirischen Vulkanland rund um die Riegersburg sind die besten Voraussetzungen gegeben, um aus Mostobst und ganz spezifischem Tafelobst einen für den Apfel-Essig idealen Sortenmix zu komponieren. Hier gibt es noch Streuobstwiesen und Mostobstgärten, in denen Bäume alter Sorten wie Maschansker, Holzapfel, Ilzer Rosenapfel, Schafnase oder Reinetten stehen. Auch Cox-Abkömmlinge wie Arlet, Cox Orange und Elstar werden im Vulkanland noch in großem Umfang kultiviert. Manche dieser Sorten bringen für die heutigen Anforderungen an den Tafelobstgeschmack zu viel Säure, und die meisten werden wegen ihres unspektakulären Äußeren vom Tafelobsthandel nicht mehr gern genommen. Sie sind daher selten geworden und als Spezialitäten einzustufen. Für die Erzeugung von feinem Essig sind diese Sorten jedoch wie geschaffen. Die Essigmanufaktur Gölles bemüht sich deshalb um die Erhaltung dieser Kulturen und wählt für ihre Apfel-Essige einen Sortenmix von zwei Dritteln Mostobst aus alten Sorten und einem Drittel Tafelobst.

FÜR SAFT MIT AROMAKRAFT
Der Urstoff für den Essig: makellose Früchte, gereinigt und gemahlen, woraus ein klarer Obstsaft gepresst wird

Nicht nur die geschmackliche Eigenart der Früchte ist für die Qualität des Essigs von Bedeutung, auch der Reifezustand ist entscheidend. Im Gegensatz zum Speiseobst, das in den allermeisten Fällen in einem noch nicht ausgereiften Zustand, knackig und hart gepflückt und verfrachtet wird, müssen die Früchte für besten Essig am Ende ihres Reifeprozesses angelangt sein. Bei Äpfeln, Birnen oder Zwetschken erkennt man den idealen Erntezeitpunkt leicht: Wenn die ersten Früchte fallen und man den Rest von den Bäumen oder Ästen schütteln kann – genau dann wäre das Obst richtig für den Verzehr und ist es ideal für

SCHONEND,
ABER MIT DRUCK

Die gemahlenen, also eingemaischten Früchte werden in grobe Tücher eingeschlagen, übereinandergeschichtet und in einer Stempelpresse entsaftet. Der Saft soll möglichst klar sein, denn was an Trubstoffen im Essig ist, muss später aufwändig herausfiltriert werden, was auch mit Verlust an Aromaqualität verbunden ist.

die Verfertigung von feinem Essig. Solches Obst ist freilich nur für den verfügbar, der mitten im Obstland produziert, denn hochreife Früchte ertragen keine Lagerung und nur geringe Transportbelastungen.

Mit zarter Hand nach strengen Regeln

Wie beim guten Wein steht auch bei der Erzeugung von edlem Essig vor der Produktion die Selektion. Das Obst wird dafür auf ein Laufband gegeben, und schadhafte Früchte werden händisch aussortiert, sodass nur einwandfreies Obst zur Verarbeitung gelangt; in industrieller Betrachtungsweise ist das natürlich purer Luxus, wenn man jedoch nach dem besten und nicht nach dem billigsten Essig strebt, ist Selektion unverzichtbar.

Welche Frucht auch immer in Essig verwandelt werden soll – am Anfang steht eine alkoholische Gärung. Die selektierten und gereinigten Früchte werden also gemaischt und entsaftet. Der Saft wird alkoholisch vergoren. Bei der alkoholischen Gärung verwandelt sich unter der Einwirkung von Hefen Zucker in Alkohol. Während bei der Produktion von Qualitätswein überwiegend angestrebt wird, dass möglichst viel Zucker zu Alkohol vergärt – der Wein also recht „trocken" wird –, hat der Essigerzeuger ein anderes Ziel. Er strebt eine Alkoholausbeute von 5 bis 8% Vol. an, um fruchtigen, harmonischen Essig zu erhalten. Nach dem Naturgesetz, dass viel Alkohol auch viel Essigsäure ergibt, entstehen nämlich aus hochprozentigen Säften ganz unvermeidlich überaus saure Essige. Diese müssen dann durch Zugabe von Wasser auf eine praktikable Säure verdünnt werden, was mit einem Verlust an Geschmacksfülle und Extrakt verbunden ist.

Maischen, Pressen, alkoholisch Vergären – jeder dieser Schritte kann auf verschiedene Weise vollzogen werden. Schon der Mahlgrad des Obstes nimmt Einfluss auf die Qualität des Essigs. Weiches Obst wird bei Gölles gröber gemahlen, hartes Obst feiner. Das Motiv für diese individuelle Behandlung ist vordergründig kein kulinarisches, denn ob etwas feiner oder gröber gemahlen wurde, schlägt sich nicht direkt im Geschmack des Essigs nieder. Bei der Zerkleinerung geht es vielmehr um eine optimale Vorbereitung der Früchte für das Pressen, denn mit diesem vermeintlich so simplen Arbeitsschritt kann viel an Qualität gewonnen und verloren werden. Steinobst wie Marillen, Zwetschken oder Kirschen wird mit einer speziellen Maschine entsteint, Beeren werden gequetscht, Trauben gerebelt.

Natürlich wird beim Pressen eine maximale Saftausbeute angestrebt. Es muss allerdings behutsam geschehen, damit der Saft klar aus der Presse fließt. Im Gegensatz zum Fruchtsaft für den Trinkgenuss, in dem das „Naturtrübe" auch als Qualitätszeichen empfunden wird, sind hohe Trubstoffgehalte im Saft für die weitere Klärung von Nachteil.

Für eine schonende Pressung wird die Apfel- oder Birnenmaische in grobmaschige Tücher eingeschlagen, in Rahmen gebettet und in zehn oder mehr Lagen übereinander in eine Packpresse gelegt. In dieser wird sanfter, aber beständiger Druck ausgeübt, wodurch der Saft abläuft. Aus den Packungen durchfließt er die statisch ruhende Maischeschicht und wird dabei auf völlig natürliche Art gefiltert. Dünnflüssige Maischen von Beeren- oder Steinobst werden in einem speziell dafür gefertigten „Dekanter" (einer horizontal liegenden Zentrifuge) entsaftet.

GUT GEREIFT

Nach der alkoholischen und essigsauren Gärung werden die Essige bis zur vollkommenen Geschmacksharmonie gelagert. Frucht-Essige, deren Aroma möglichst reintönig erhalten werden soll, liegen im Edelstahl. Weißwein-, Rotwein- und Apfel-Essige der klassischen Art sowie alle Balsam-Essige reifen in kleinen Holzfässern (Barriques), um auf diese Weise ein vielschichtiges Aromabild aufzubauen. Mit mehr als 1400 Barriques ist das Fasslager der Manufaktur Gölles das größte für edlen Essig in Österreich.

Doppelt gären, damit aus Zucker Säure wird
Die alkoholische Vergärung solcher Säfte ist ein Prozess, der ganz spontan schon nach ein oder zwei Tagen einsetzt, aber nicht sich selbst überlassen bleiben darf. Bei Gölles werden die Säfte in temperierten Edelstahlbehältern bei einer Temperatur von 17 bis 20 °C vergoren. Nach ein bis zwei Wochen ist der Zucker so weit in Alkohol umgewandelt, dass die Gärung zum Erliegen kommt. Der aus den Früchten gewonnene Wein ist wie der Wein aus Trauben ein heikler Stoff, anfällig für allerlei Bakterien und daher leicht verderblich. Wein für den Genuss wird daher geschwefelt, doch auch bezüglich der Stabilisierung seiner alkoholischen Säfte hat es der Essigbrauer schwerer als der Winzer. Schwefel ist ein übler Feind von Acetobacter, dem Essigbakterium, das nun ins Spiel kommt.

Essigbakterien wandeln im Zusammenspiel mit Sauerstoff Ethylalkohol in Essigsäure um, doch sie sind heikel. Sie arbeiten bei einer geringeren Temperatur als 20 °C nur widerwillig. Bei mehr als 30 °C arbeiten sie schlecht bis gar nicht. Schwefel vertragen sie nicht, doch Sauerstoff benötigen sie. Die so wichtige Sauerstoffzufuhr wird durch spezielle Vorrichtungen gewährleistet, etwa Zirkulationspumpen zum Versprühen oder Verrieseln der Säfte über Buchenholzspäne, oder es wird von unten Luft in die Gärbehälter eingeperlt. Nach ein paar Tagen oder auch Wochen kommt auch die essigsaure Gärung zum Erliegen, weil der Alkohol bis auf einen sehr kleinen Rest in Essigsäure umgewandelt ist. Ex lege werden 0,5 Vol.-% Alkohol im Essig toleriert, bei gutem Essig sind darin aber weniger als 0,1 Vol.-%, tendierend gegen null, enthalten; jedenfalls ein so geringer Anteil, dass man – ähnlich wie bei Fruchtsaft – von einem alkoholfreien Genussmittel sprechen kann.

Wie viel Zeit es braucht, bis der Wein in Essig verwandelt ist, lässt sich schwer prognostizieren, denn der Prozess kann von einigen Tagen bis zu mehreren Wochen dauern. Allein deshalb ist eine ständige Beobachtung des Essigfasses erforderlich, und auch, weil die Essiggärung möglichst zügig verlaufen soll: Werden die kapriziösen Essiglebewesen nämlich zu träge, kann die bereits entstandene Säure mit dem noch vorhandenen Alkohol in einer höchst unerwünschten Weise reagieren und sich Ethylester bilden – wodurch statt edlem Essig ein nach Klebstoff riechendes Gebräu entsteht.

Erst wenn nach munterer Gärung der Alkohol zu Säure verwandelt und der Gärprozess zum Erliegen gekommen ist, kann sich der Essigbrauer entspannen. Durchgegorener Essig ist nämlich recht stabil und kann jahrelang gelagert werden. Wie günstig sich eine lange Reifezeit auf das Geschmacksbild von natürlich gefertigtem Essig aus besten Früchten auswirkt, lesen Sie an einer anderen Stelle dieses Buches: im Kapitel „Balsam für die Kehle“, ab Seite 64.

BEREIT ZUR DEGUSTATION
Erst nach angemessener Reifezeit hat edler Essig sein optimales Aromabild entwickelt. Je nach Art und Sorte beträgt diese bei Gölles bis zu zwanzig Jahre.

GÖLLES

GET DRESSED!
WAS DEM

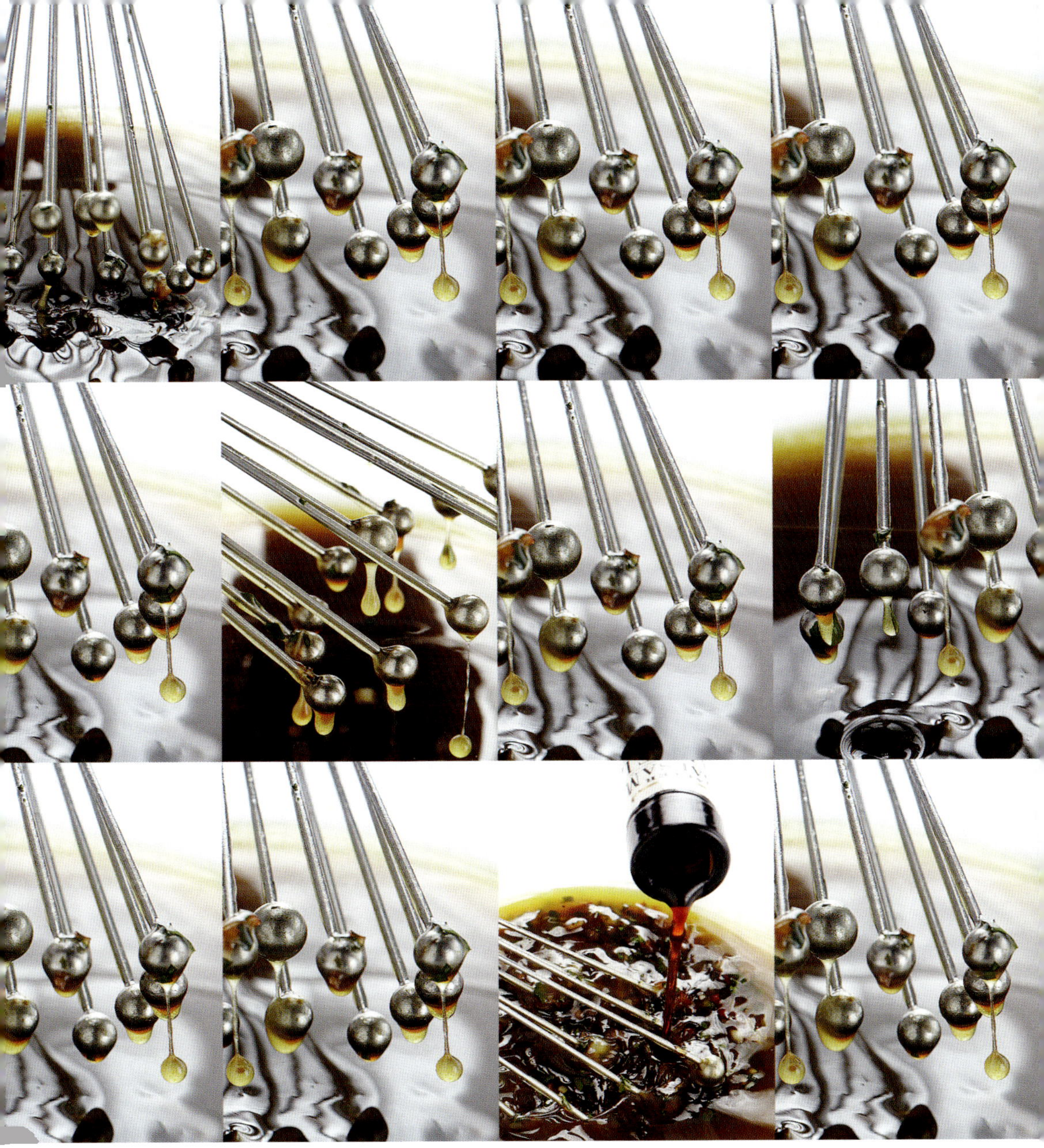

SALAT PASST.

Tour du monde der feinen Säfte

Jede Kochkultur hat ihre Präferenzen für die Bekleidung von Salaten, weshalb die Kollektion der Dressings wahrhaft weltumspannend ist. Es stehen zur Wahl: Italian, French oder American Dressing, aber auch solche wie Thousand-Island- oder Russian Dressing.

Thousand-Island-Dressing

Eine Mayonnaise wie auf Seite 33 beschrieben aufmixen (aus 1 Ei, Traubenkernöl und Tomaten-Essig). Einen Schuss kochend heißes Wasser einmixen und die Mayonnaise auf luftige Konsistenz bringen. Paprikaschoten verschiedener Farben putzen und kleinstwürfelig schneiden (man benötigt davon 3 EL voll). Mayonnaise mit Paprika vermischen und mit Chilisauce, Harissapaste oder Tabascosauce feurig abschmecken. Passt besonders gut auf Salat mit Meeresfrüchten.

Roquefort-Dressing mit Selleriegrün und Forellen-Kaviar

Himbeer-Dressing

100 g Himbeeren pürieren. Sauce durch ein Sieb streichen und mit 1/16 l Himbeer-Essig, einem Schuss kalt gepresstem Erdnussöl sowie Salz und grob gemahlenem schwarzem Pfeffer vermischen. Passt auf gekochten Spargel, auf jungen Spinat und auf Vogerlsalat.

Sauce Ravigote

Aus 4 EL Veltliner-Weinessig oder Balsam-Weinessig und 8 EL Maiskeimöl mit Salz und Pfeffer eine Vinaigrette rühren. 1 Schalotte schälen und feinst hacken. Petersilienblättchen von den Stängeln zupfen und feinst hacken (man benötigt ca. 1 EL davon). 4 Salzkapern wässern und fein hacken. Evtl. auch 1 bis 2 Blätter Bärlauch fein schneiden. Schalotte, Petersilie, Kapern und eventuell Bärlauch mit der Vinaigrette verrühren. Passt auf sommerliche Blattsalate und vor allem auf Tomaten (für diesen Zweck jedoch Tomaten-Essig verwenden).

Roquefort-Dressing

Veltliner-Weinessig oder weißen Balsam-Essig und Olivenöl im Verhältnis 1:3 mit wenig Salz, aber reichlich grob gemahlenem Pfeffer verrühren. Roquefort passieren (zum Beispiel durch eine Erdäpfelpresse drücken) und mit der Marinade zu einer sämigen Konsistenz verrühren. Falls das Dressing zu dick ausfällt, einen Schuss Gemüsefond (siehe Seite 112, ersatzweise Wasser mit Suppenwürze) einrühren. Passt auf kraftvoll-würzige Gemüsesalate mit Staudenselleriеblättern, Artischocken, kleinem Chicorée, Radicchio oder Trevisiano.

LA BASE DE VERITABLE BONHEUR ...

French Dressing

„Die gute Küche ist die Grundlage des wahren Glücks", diagnostizierte der große Koch und Philosoph Auguste Escoffier, und wahrlich hat die französische Kochkunst zum Glück der Menschen beigetragen. Auch mit diesem Dressing:

Veltliner-Weinessig und Olivenöl im Verhältnis 1:2 mit ein wenig Senf sowie Salz und Pfeffer homogen verrühren; eventuell auch ein wenig gepressten Knoblauch einrühren, häufig wird mit einer Prise Zucker abgeschmeckt, manchmal gibt man auch Honig dazu und gelegentlich gehackte Kräuter, wobei Petersilie am beliebtesten ist.

Während die Literatur auch Rezepte für „French Dressing" enthält, in denen die genannten Zutaten mit Eidottern aufgemixt werden (womit man allerdings bei Mayonnaise oder „American Dressing" landet), kennt man in Frankreich „French Dressing" so gut wie gar nicht. Dort wird die schlanke Essig-Öl-Salz-Pfeffer-Marinade als Vinaigrette bezeichnet (von *Vinaigre,* dem Essig).

AMERICAN WAY OF

American Dressing

Man nehme ein wenig Ketchup und viel Mayonnaise und man verachte nicht: die mächtigste unter den Salatsaucen und auch die prächtigste, wenn man barocke Formen mag.

Falls sich das Selbstverständnis einer Nation in ihren kulinarischen Äußerungen kristallisieren kann, dann wäre das American Dressing dafür ein gutes Beispiel. Keine andere Salatsauce erhebt einen größeren Anspruch auf die Führungsrolle im kulinarischen Ensemble, und eine halbwegs balancierte Koexistenz mit dieser Sauce wird nur solchen Zutaten möglich sein, die selbst über gehörige Kraft verfügen: Nüssen und Sellerie zum Beispiel, wie sie im Waldorfsalat üblich sind; Paprika, Eisbergsalat und Anchovis, die man mit diesem Dressing zu einem winterlichen Kraftsalat vereinen kann; oder Roastbeef, das gemeinsam mit Rucola und diesem Dressing ein Appetithäppchen der eindrucksvolleren Art ergibt. Leider jedoch: Der Ausflug in gesellschaftspsychologische Gefilde per Vehikel American Dressing ist noch fragwürdiger als andere Thesen dieser Art: American Dressing ist nämlich überhaupt kein Leibgericht der „Amerikaner“ und in den USA so gut wie unbekannt.

Die Zubereitung dieses den Amerikanern also fälschlich zugeschriebenen Dressings erweist sich als denkbar einfach, wenn man bereits die Mayonnaise hat. 1/4 l davon mit mindestens 1 EL Ketchup verrühren und mit Worcestershiresauce und eventuell ein paar Spritzern Tabasco abschmecken. Wenn die Mayo mit keinem oder wenig Senf aufgerührt wurde, tut dem Dressing auch noch ein Spritzer Dijon-Senf gut. Wer die Sache „leichter“ machen will, rührt mageren Topfen oder Sauerrahm ein (wodurch nicht nur der Nährwert gestreckt, sondern auch die Farbe Richtung Blassrosa verändert wird). Mixt man noch einen Schuss Cognac in dieses Dressing, erhält man eine sogenannte Cocktailsauce, die gut auf Krabben, Shrimps, Garnelen oder Muscheln passt.

Wie aber kommt der anspruchsvolle Genießer zur alles entscheidenden Mayonnaise? Nicht etwa, indem er auf die Tube drückt oder den Löffel im Glas versenkt, sondern, indem er zum Rührgerät greift. Nach der alten Schule ist das der Schneebesen, nach der neueren der Handmixer, nach der ganz modernen Art der Pürierstab. Für die ersten beiden Werkzeuge gilt: 1 Eidotter mit 1 TL Senf, 2 EL hellem Essig (ideal ist weißer Balsam-Essig), Salz, Pfeffer und eventuell einer Prise Zucker verrühren. Maiskeimöl in dünnem Strahl nach und nach einrühren, bis die Sauce dick ist (1 Eidotter kann ca. 1/16 l Öl aufnehmen). Die Pürierstabmethode ist einfacher: Ganzes Ei mit den genannten Zutaten verquirlen, Öl im flotten Guss auf höchsten Touren einmixen. So wird die Mayo immer fest.

IFE

MAYO LIGHT

Wer die Sämigkeit der Mayonnaise schätzt, nicht jedoch deren Kalorienangebot, macht es so: Mayonnaise wie oben beschrieben mit dem Pürierstab aufschlagen und recht kräftig würzen, zum Schluss einen Schuss kochend heißes Wasser einmixen.

LA VITA È BELLA

Italian Dressing

Worin sich die Leichtigkeit des südlichen Lebens und das Aromaspiel à la Mittelmeer genussvoll verbinden.

Zweigelt-Weinessig und bestes Olivenöl extra vergine im Verhältnis 1:2 mit einer kleinen Gabe glattem Senf, einer hauchzarten Prise Zucker sowie schwarzem Peffer und feinem Meersalz verrühren. Reichlich fein gehackte Kräuter wie Oregano, Rosmarin, Basilikum und/oder (wenig) Salbei einrühren. Wenn man in dieses „Italian" den Saft von ein paar vollreifen Tomaten einrührt, wird es zum „Tomaten-Dressing", das ganz vorzüglich auf herbe Salate wie Radicchio und Chicorée passt. Auf einfachstem Weg lässt sich Tomatensaft gewinnen, indem man die Tomaten einschneidet und in der Hand zerquetscht – ein sinnliches Erlebnis, wenn auch ein wenig rustikal.

Russian Dressing

Eine kleine Rote Rübe gut waschen und bürsten. Rübe in Wasser mit einer Prise Kümmel weich kochen, schälen und kleinwürfelig schneiden. Kräuter wie Petersilie, Schnittlauch und Liebstöckel feinst schneiden oder hacken (man benötigt davon 1 bis 2 EL voll). Eine Mayonnaise wie auf Seite 33 beschrieben aufmixen (aus 1 Ei und unter Verwendung von Most- oder Bier-Essig). Mayonnaise durch Einmixen von einem kleinen Schuss heißem Wasser auf luftige Konsistenz bringen. Rote Rübe und Kräuter mit der Mayonnaise vermischen. Dieses Dressing passt besonders gut unter Kaviar, auf Matjes-Hering, zum Räucherfisch und auf knackigen Eisbergsalat mit Käsestreifen und gerösteten Schwarzbrotwürfeln.

Remouladen-Sauce

1 Ei hart kochen und schälen. Dotter zerdrücken, Klar fein hacken. Essigkapern und kleine Essiggurken feinst hacken (man benötigt jeweils 1 EL voll). Das Weiße von 1 Jungzwiebel feinst hacken. Dill und Petersilie hacken (je 1/2 EL voll). 2 Sardellenfilets fein hacken. Eine Mayonnaise wie auf Seite 33 beschrieben aufmixen (1 Ei und Bier-Essig verwenden). Alle Zutaten mit 2 EL Sauerrahm verrühren.

Steinpilz-Dressing

Bier-Essig und Erdnussöl (1:3) mit Salz, Pfeffer und einer Prise Kümmel verrühren. Steinpilze kleinwürfelig schneiden. Schalotte schälen und feinst schneiden. Pilze und Schalotte in der Vinaigrette marinieren. Passt auf herbstliche Salate wie Endivien- oder Vogerlsalat.

American-Ranch-Dressing

3 Jungzwiebeln ganz fein hacken. Eine Mayonnaise wie auf Seite 33 beschrieben aufmixen (1 Ei und Schilcher-Weinessig verwenden). Mayonnaise mit 5 EL Joghurt, 1 dl Buttermilch, 1 EL Ketchup und Jungzwiebeln vermischen. Mit Salz und grob gemahlenem schwarzem Pfeffer abschmecken. Passt auf Kraftsalat mit Mais und Speck.

Korea-Dressing

Weißen Balsam-Essig und Sesamöl (1:1) mit schwarzen Sesamsamen, Salz und Cayennepfeffer verrühren. Ingwer in einer Knoblauchpresse ausdrücken. Ingwersaft und Koriandergrün in das Dressing rühren. Passt auf Salate mit Sprossen und solche mit Früchten wie Pfirsichen oder Mangos (in diesem Fall Marillen- oder Birnen-Essig verwenden).

Steirisches Dressing

Apfel-Essig oder Schilcher-Weinessig mit Kürbiskernöl im Verhältnis 2:3 verrühren. Mit Salz, Pfeffer und einer Prise gemahlenem Kümmel würzen. Schnittlauch fein schneiden und reichlich davon in die Essig-Öl-Mischung rühren. Passt auf Kräftigkeiten wie Löwenzahnsalat mit Speck, Salatherzen mit gebratenen Pilzen, Salat mit gekochten Eiern, Wurst-Käse-Salat und Backhendlsalat. Das Backhendl für den Salat macht man am besten so: Fleisch von Hendlhaxen auslösen (Haxen!, denn die sind schmackhafter als Hühnerbrust). Haxenfleisch in Mehl, verquirlten Eiern und grob geriebenen Weißbrotbröseln panieren und in Pflanzenöl goldbraun backen. Steirische Salate mit gerösteten Kürbiskernen bestreuen.

SECHS GOLDENE REGELN FÜR DIE ZUBEREITUNG DES WAHREN UND ECHTEN ERDÄPFELSALATS

Das Vertraute in bester Zubereitung kann den Feinschmecker erheblich mehr erfreuen als Mittelmaß mit Luxus-Etikett. Daher sei gefühlvoll Hand an die Erdäpfel gelegt und seien sie kenntnisreich gepflegt, bis eine Verwandlung in perfekten Salat vollzogen ist.

Regel 1: Die korrekte Knolle. Wer es ernst meint mit der Erdäpfelsalat-Zubereitung, wird ganz naturgemäß mit dem Phänomen einer gleichzeitigen Sortenarmut und -vielfalt der Erdäpfelgewächse konfrontiert. Die Supermärkte als Hauptquellen der Volksernährung sprudeln selten mehr als zwei Sorten an die Konsumenten, als „festkochend" oder „mehlig" bzw. „Salat-" oder „Püreekartoffel" benannt. Dem ambitionierten Erdäpfelsalatkoch wird das nicht genügen, zumal sich hinter „fest" und „mehlig", „Salat" und „Püree" je nach der gerade herrschenden Marktlage und Jahreszeit geschmacklich gänzlich verschiedene Knollen verbergen können. Der ambitionierte Koch wird sich in die Literatur vertiefen, darin mit einer theoretischen Verfügbarkeit von annähernd zweihundert Kartoffelsorten allein in Mitteleuropa konfrontiert und kaum klüger sein. Also lautet das Gebot: Suchfeld eingrenzen.

Wir scheiden aus: alles, was mehlig kocht, denn solche Erdäpfel zerfallen beim Zerschneiden in kleine Stücke und ergeben Matsch statt Salat. Alle bunten Erdäpfel, als da so moderne wären wie *Violette Noir, Red Cardinal* oder *Roseval,* weil diese den ästhetischen Ansprüchen nicht genügen: Erdäpfelsalat muss goldgelb sein. Alle Süßkartoffeln aus Gründen der Mehligkeit und des Geschmacks. Alle ganz kleinen und ganz großen Kartoffeln, weil die Schälerei der Kleinkartoffeln eine Plage ist und weil die Großscheiben zu sperrig sind für den auf Eleganz bedachten Erdäpfelsalatgenießer mit

einem kleineren als einem Krokodilsrachen. Und noch einer scheidet aus: der so hoch gelobte, aber elend harte *Kipfler*. Der nämlich nimmt kaum Marinade auf und ist sehr eigentlich für gar nichts gut.
Man suche: festkochende, leidlich weiche, nicht scharf, sondern nussig schmeckende Erdäpfel, in der Art von *Princess* oder der guten alten *Sieglinde*.

Regel 2: Erdäpfel richtig kochen. Nur der Ordnung halber, weil es bekannt sein sollte: Erdäpfel niemals so heftig kochen wie die Wäsche, sondern leise blubbernd. Nicht kochen, bis die Erdäpfel aufspringen, sondern nur so lang, bis die Gabel bei sanftem Widerstand, doch leicht in die Knollen dringt. Nicht abgießen und sofort schälen, sondern abgießen und im halb bedeckten Topf ein Viertelstündchen dampfen lassen. Nicht erst dann schälen, wenn die Erdäpfel schon ausgekühlt sind, denn dann wäre es auch schon zu spät für Erdäpfelsalat der Premium-Kategorie.

„ZWIEBEL KOCHEN – DA

Merke: Der Salat ist dann perfekt, wenn er grad noch einen Hauch von Wärme hat – weniger als lauwarm, mehr als Zimmertemperatur (und natürlich viel wärmer als kühlschrankkalt, denn das wäre barbarisch).

Regel 3: Der Saft der Säfte. Die Zubereitung einer perfekten Erdäpfelsalatmarinade kann man so angehen: Zwiebel schälen und kleinwürfelig schneiden; ob rote, gelbe oder weiße Zwiebel ist eine optische Geschmackssache, geschmacklich aber unerheblich. Zwiebel überkochen. Daran führt kein Weg vorbei, denn rohe Zwiebel ist ein derber Stoff, den keine redliche Kochperson den ihr anvertrauten Essern zumuten wird wollen; der „Genuss“ von rohen Zwiebeln taugt allenfalls für kulinarisch unterlegte Männerrituale in der Art, wie burmesische Jungs Chilischoten der Stufe 10+ kauen, bis einer umfällt, oder als Placebo für solche mit Knoblauch-Unverträglichkeit während eines Schlossurlaubs in Transsilvanien – nichts jedoch hat rohe Zwiebel verloren in oder auf Speisen.

FÜHRT KEIN WEG VORBEI“

Die Grundstoffe der Marinade: Zwiebel in der Suppe, Maiskeim- mit ein wenig Erdnussöl, Weißwein-Essig

„OBEN MUSS NOCH WAS DRAUF. SCHNITTLAUCH IST KLASSISCH.“

Man überkocht daher die fein geschnittene Zwiebel in milder Rinds- oder Gemüsesuppe oder einem Gemüse- oder leichten Geflügelfond, wie sie auf Seite 112 beschrieben sind, denn Suppe oder Fond ist für den Salat ohnehin unentbehrlich.

Zusammengesetzt wird die Marinade wie folgt: Einen kleinen Löffel Senf in eine große Schüssel geben; es kann scharfer, säuerlicher oder süßlicher Senf sein – das Finetuning von Süße und Säure erfolgt ohnehin durch die Zugabe von Zucker und Essig (Honig-, Feigen- oder sonstigen Kreativ-Senf lässt man jedoch aus, weil Honig, Feigen oder Veilchen im Erdäpfelsalat artfremd sind). Zum Senf kommt Zucker, Salz, grob gemahlener schwarzer Pfeffer, ein Schuss warme Suppe samt der blanchierten Zwiebel, ein Schuss Weißwein-Essig, ein großer Guss bestes Maiskeimöl und ein kleiner Schuss kalt gepresstes Erdnussöl. Das wird gut verrührt und andachtsvoll verkostet: Die Marinade muss würzig und leicht salzig schmecken; wenn sie ohne Erdäpfel ein klein wenig überwürzt wirkt, ist es richtig. Und: Man braucht recht viel von der Marinade, denn die Erdäpfel nehmen eine Menge auf (200 ml für 1 kg geschälte Erdäpfel könnte passen).

Es folgt der Akt der Vermählung von Erdäpfeln und Salatmarinade: Erdäpfel im recht warmen Zustand schälen, sofort dickblättrig schneiden, in die Marinade geben und in der Marinade wenden; jedes Erdäpfelscheibchen soll mit Marinade überzogen sein. Sobald alle Erdäpfel in der großen Schüssel sind, alles nochmals wenden, auf dass sich der Saft mit den Erdäpfeln verbindet, aber behutsam, damit die Erdäpfelblätter im Ganzen bleiben. Der Salat soll nun noch bei Zimmertemperatur ein Viertelstündchen ziehen. Es zieht dabei nicht nur die Marinade in die Erdäpfel ein, es zieht sich auch alles ein wenig zusammen; wenn am Ende ein kompakter Sterz entstanden ist, dann weiß der Erdäpfelkochkunsteleve, dass er zu wenig Marinade angerührt hat.
Generelle Anmerkung zum guten Kochen: Kein Gericht kann besser sein als die schwächste seiner Zutaten. Daher jedenfalls für die Marinade bestes Öl und besten Senf und nicht zuletzt allerbesten Essig nehmen.

Regel 4: Finetuning muss sein. Niemand kann prognostizieren, wie der fertige Salat schmeckt, wenn er nur die Marinade kostet. Das Abschmecken kurz vor dem Servieren ist daher unentbehrlich. Oft fehlen Salz und Essig, die man leicht unterheben kann.

Seltener wurde die Marinade zu viel gesalzen, in diesem Fall kann man durch die Zugabe von ein wenig Suppe und Öl das Geschmacksbild korrigieren.

Regel 5: Es muss noch was drauf. Keine gebackenen Blutwurstradeln, denn die legt man besser neben statt auf den Erdäpfelsalat, sondern Kräuter. Klassisch ist der Schnittlauch, gut sind auch die grünen Teile vom Schnittknoblauch, Kresse oder Radieschensprossen. Kerbel, Petersilie, Basilikum und Koriander scheiden aus, weil zu filigran, zu italienisch oder zu exotisch.

Regel 6: Aufessen! Keines verbleibt in seiner Gestalt, sagt Ovid, und die ganz unvermeidliche Metamorphose macht aus jedem feinschmeckertauglichen Erdäpfelsalat in wenigen Stunden eines Kühlschrankaufenthalts Futter für anspruchslose Tiere. Allenfalls lässt sich daraus wie anno in den kargen Zeiten Hausmannsköstliches zubereiten in der Art von „Einbrennte Hund'". Dafür eine Einbrenn aus (stilecht sparsam) Margarine und Mehl anrühren, Altsalat einrühren und mit bestem Essig aromatisieren – der Essig immerhin kann auch den gelagerten Salat reanimieren.

AUS DER WUNDER-WELT NEUER SALATKREA-TIONEN: DAS SPIEL MIT WÜRZE UND AROMEN AUS DER NATUR

Champignon-Vogerlsalat

Zutaten für 4 Portionen
Zubereitungsdauer ca. 20 Min.

2 Handvoll Vogerlsalat
6 Champignons
6 junge Karotten
geröstete Kürbiskerne

Für die Marinade
4 EL weißer Balsam-Essig
8 EL Kürbiskernöl
Dijon-Senf
Tabasco
Pfeffer
Salz

1 Vogerlsalat putzen, gut waschen und abtropfen lassen. Champignons putzen.
2 Karotten mit einem Sparschäler schälen und sodann mit dem gleichen Werkzeug in hauchdünne Blätter schneiden. Karottenblätter feinnudelig schneiden; Karotten nicht einsalzen, denn sie sollen bissfest bleiben.
3 Für die Marinade Essig, Öl, ein wenig Senf, 1 bis 2 Spritzer Tabasco sowie Salz und Pfeffer verrühren.
4 Karotten und Vogerlsalat durch die Marinade ziehen und auf Teller geben. Champignons hauchdünn schneiden und auf den Salat geben oder noch besser auf einem Trüffelhobel hobeln. Mit gerösteten Kürbiskernen bestreut servieren.

Variation: Statt der Champignons kann man für diesen Salat auch kleine, feste Steinpilze verwenden oder die Vogerlsalat-Karotten-Alliance mit gebratenen Pilzen ergänzen. Dafür Pilze wie Champignons, Steinpilze, Maronenpilze, Shiitakepilze oder Parasolköpfe blättrig schneiden und in einer beschichteten Pfanne mit ganz wenig Öl scharf braten. Mit Salz, Pfeffer und einem Hauch gemahlenem Kümmel würzen.

Waldorfsalat

Zutaten für 4 Portionen
Zubereitungsdauer ca. 1/2 Std.

Variante „deftig"
1 Knolle Sellerie
2 kleine säuerliche Äpfel (z. B. von der Sorte Elstar)
50 g Walnusskerne
4 EL Sauerrahm
2 EL Joghurt
2 EL Mayonnaise
Apfel-Essig
Cayennepfeffer
Pfeffer
Salz
Zucker

Variante „elegant"
1 kleine Knolle Sellerie
2 Äpfel (z. B. von der Sorte Golden Delicious)
50 g Walnusskerne
Weintrauben
kalt gepresstes Walnussöl
4 EL XA Balsam-Apfelessig
Pfeffer
Fleur de Sel

Die deftige Variante

1 Sellerie in gesalzenem Wasser kochen, kalt abschrecken, schälen und in ca. 3 mm dicke Streifen oder Stäbchen schneiden.
2 Äpfel entkernen, würfelig schneiden und mit der Sellerie vermengen. Ein paar Sellerieblätter in feine Streifen schneiden. Sellerieblätter und Nüsse unter die Apfel-Sellerie-Mischung heben.
3 Aus den restlichen Zutaten ein Dressing rühren. Dressing mit der Selleriemischung vermischen.

Die elegante Variante

1 Sellerie schälen, in feinste Streifen schneiden oder hobeln, salzen und ca. 20 Minuten ziehen lassen.
2 Walnusskerne auf ein Blech streuen und im Backofen bei maximal 160 °C ca. 8 Minuten rösten.
3 Trauben halbieren, die Kerne mit einem spitzen Messer entfernen.
4 Äpfel entkernen, eventuell schälen und unmittelbar vor dem Servieren feinblättrig schneiden.
5 XA Balsam-Apfelessig gefällig auf Teller auftragen. Selleriestreifen durch kalt gepresstes Walnussöl ziehen und gemeinsam mit Trauben, Apfelscheiben und Nüssen auf die Teller geben. Alles mit grob gemahlenem Pfeffer und Fleur de Sel bestreuen.

Dieser Salat passt zu gebratener Hühnerbrust, geräucherter Forelle, aber auch zu gesurten Schweinsbackerln.

Salat von weißem & grünem Spargel

Zutaten für 4 Portionen
Zubereitungsdauer ca. 1/2 Std.

8 Stangen weißer Spargel
16 Stangen grüner Spargel
Butter
1 Zitrone
Kerbel
Zucker
Salz

Für die Marinade
4 EL Traubenkernöl oder Sonnenblumenöl
3 EL Marillen Essig
Salz
Cayennepfeffer

1 Weißen Spargel gut schälen, die trockenen Enden wegschneiden. Spargel in wallendem Wasser mit 1 EL Butter, dem Saft der Zitrone, je einer guten Prise Zucker und Salz bissfest kochen (die Kochzeit hängt von der Dicke und Frische der Spargel ab).
2 Vom grünen Spargel die trockenen Enden wegschneiden. Spargel in sehr gut gesalzenem Wasser bissfest kochen (das Salz im Kochwasser sorgt für die Erhaltung der grünen Farbe).
3 Jede Spargelsorte sofort nach dem Kochen in eiskaltes Wasser legen, um den Garprozess zu stoppen und die frischen Farben zu erhalten.
4 Für die Marinade alle Zutaten vermischen. Weiße Spargelstangen der Länge nach durchschneiden. Spargel durch die Marinade ziehen, gefällig auf Teller legen, mit Kerbelblättchen bestreuen und sofort servieren (marinierter Spargel lässt Wasser).

Dazu passen wachsweich gekochte Eier oder – noch origineller – gebackene Eier: Wasser aufkochen, Eier einlegen, Herd abdrehen und die Eier im heißen Wasser bedeckt sieben Minuten ziehen lassen. Eier schälen und in Mehl, verquirltem Ei und grob geriebenen Weißbrotbröseln panieren. In heißem Pflanzenfett schwimmend goldbraun backen. Mit Küchenkrepp abtupfen, salzen und servieren.

Sprossensalat mit Pfirsich oder Birne

Zutaten für 4 Portionen
Zubereitungsdauer ca. 1/2 Std.

200 g Sprossen wie Mungobohnensprossen, Sojabohnensprossen, Radieschensprossen, Alfalfa-Sprossen, Weizenkeimlinge, ...
150 g Shiitakepilze
Maiskeimöl
100 g Erbsenschoten
1 weißer Pfirsich oder
1 weiche Birne
gesalzene Erdnüsse
Koriandergrün
Salz

Für die Marinade
Ingwer
3 EL Balsam-Birnenessig
4 EL Sojasauce
2 EL kalt gepresstes Erdnussöl
1 Chilischote
Salz

1 Sprossen putzen bzw. verlesen und in gesalzenem Wasser ca. 10 Sekunden überkochen. Sprossen abseihen, sofort kalt abschrecken und abtropfen lassen.
2 Für die Marinade Ingwer schälen und fein hacken (man benötigt einen kleinen Teelöffel voll). Ingwer mit Essig, Sojasauce, Öl und Salz aufmixen. Chilischote entkernen, kleinwürfelig schneiden und in die Marinade rühren. Sprossen mit der Marinade vermischen.
3 Von den Pilzen die Stiele ausbrechen (Shiitakepilz-Stiele sind meist zäh). Pilzkappen blättrig schneiden und in ganz wenig Öl bei großer Hitze beidseitig braten. Pilze leicht salzen.
4 Erbsenschoten in breite Streifen schneiden und in gesalzenem Wasser ca. 10 Sekunden überkochen. Erbsen abseihen, eiskalt abschrecken und abtropfen lassen (alternativ zum Überkochen kann man die Erbsenschoten auch in Maiskeimöl braten, jedoch bei geringerer Hitze als die Pilze). Erbsen leicht salzen.
5 Pfirsich oder Birne entkernen und in Spalten schneiden. Sprossen mit den restlichen Zutaten auf Teller geben, mit Erdnüssen und Koriandergrün bestreuen.

Passt zu glacierter Entenbrust, zu gebratener Hühnerbrust oder mariniertem Thunfisch. Dafür fingerdick geschnittenes Thunfischfilet mit Sojasauce, Wasabipaste und gehacktem Ingwer 10 Minuten marinieren und danach in einer beschichteten Pfanne mit ein wenig Sesamöl beidseitig kurz und heiß braten.
Statt Pfirsich oder Birne kann man für diesen Salat auch Marillen oder Mango nehmen.

Sauerkrautsalat mit Speck

Zutaten für 4 Portionen
Zubereitungsdauer ca. 1/2 Std.

400 g Sauerkraut
6 EL Maiskeim- oder Rapsöl
Kümmel
4 EL Quitten-Essig
Majoran
100 g geselchter Bauchspeck (dünnblättrig geschnitten)
Zucker
Salz

1 Ein Backblech mit Küchenkrepp belegen, darauf nebeneinander die Speckscheiben legen. Speck im Backrohr bei 100 °C trocknen (dauert ca. 1 Stunde). Alternativ dazu Speck in einer Pfanne ohne Zugabe von Fett beidseitig braten.
2 Besonders saures Kraut vor der Verwendung wässern, mildes Kraut lediglich ausdrücken.
3 Kraut mit Quitten-Essig, Maiskeim- oder Rapsöl, einer Prise Kümmel, Salz und einer kleinen Prise Zucker marinieren.
4 Krautsalat mit Speck belegen, mit Majoranblättchen bestreuen.

Dazu passen gedünstete Quittenspalten. Dafür die Quitten schälen, in Spalten schneiden, die Kerne ausschneiden und die Quitten in einem Fond aus Weißwein und Wasser zu gleichen Teilen, Zucker und einer kleinen Vanilleschote bissfest dünsten.

Dieser Salat passt natürlich zum Schweinsbraten, aber auch zu auf der Haut gebratenem Wels- oder Zanderfilet, die man der Geschmackskräftigkeit des Salats entsprechend auch noch pikant glacieren kann. Dafür 1 EL Butter und 2 EL Balsam-Apfelessig mit einer angedrückten Knoblauchzehe kochen, bis eine Emulsion entstanden und der im Essig enthaltene Zucker fast karamellisiert ist. Gebratene Fischfilets mit der Hautseite durch diese Reduktion ziehen.

Mediterraner Nudelsalat

Zutaten für 4 Portionen
Zubereitungsdauer ca. 1 Std.

8 Artischocken (Poveraden)
1/4 l Weißwein
4 cl Veltliner-Weinessig
1/4 l Hühnersuppe oder -fond
2 Knoblauchzehen
2 Wacholderbeeren
5 Pfefferkörner
1 kleines Lorbeerblatt
1 kleiner Zweig Rosmarin
150 g Makkaroni
150 g Rucola
2 Tomaten
50 g Essigkapern
150 g Frischkäse von Schaf
oder Ziege

Für die Marinade
mediterrane Kräuter wie Basilikum, Rosmarin, Salbei oder Oregano
1/8 l Olivenöl
1/16 l Tomaten-Essig
Pfeffer
Salz

1 Für den Artischockenfond Wein mit Essig, Hühnersuppe oder leichtem Geflügelfond wie auf Seite 112 beschrieben, angedrücktem Knoblauch, Wacholderbeeren, Pfefferkörnern, Lorbeerblatt und Rosmarin aufkochen.

2 Die Enden der Artischockenstiele wegschneiden. Blätter der Artischocken um ca. ein Drittel kürzen. Artischockenstiele und -böden mit einem kleinen Messer schälen. Das Heu von den Artischockenböden (das befindet sich im Inneren der Artischocken zwischen den Blättern) mit einem kleinen Löffel oder Parisienne-Ausstecher ausschaben. Artischocken in dem zuvor angesetzten Fond in ca. 8 Minuten bissfest kochen. Artischocken im Fond auskühlen lassen.

3 Für die Marinade Kräuter hacken oder klein schneiden, mit den restlichen Zutaten sowie 1/8 l vom Artischockenfond vermengen und 1 Stunde ziehen lassen.

4 Makkaroni in gesalzenem Wasser bissfest kochen, abseihen, kalt abschrecken, abtropfen lassen und in Stücke schneiden.

5 Rucola putzen, waschen und abtropfen lassen. Tomaten in Scheiben schneiden. Große Kapern halbieren. Käse in Würfel schneiden.

6 Artischocken vierteln. Alle Zutaten außer Kapern und Käse durch die Marinade ziehen und gefällig auf Teller geben. Kapern und Käse daraufstreuen. Alles mit grob gemahlenem Pfeffer bestreuen.

Salat von Käferbohnen

Zutaten für 4 Portionen
Zubereitungsdauer ca. 3 Std.

200 g Käferbohnen
1 Stück Speckschwarte
Kümmel

Für die Marinade
8 EL Rapsöl
6 EL Bier-Essig
Kren
1 rote Zwiebel
Salz
Pfeffer
Schnittlauch

1 Bohnen mindestens 12 Stunden bei Zimmertemperatur einweichen. Bohnen unter Zugabe von einem Stück Speckschwarte und einer Prise Kümmel weich kochen (das kann zwei bis drei Stunden dauern; siehe Anmerkung). Kochwasser abgießen, 1/4 l davon auffangen. Bohnen mit warmem Wasser abschwemmen (siehe Anmerkung).
2 Für die Marinade Essig und Öl mit dem aufgefangenen Kochwasser und 1 TL frisch geriebenem Kren emulgierend mixen. Bohnen in einer großen Schüssel mit der Marinade vermischen (wenn die Bohnen ausgebreitet liegen, können sie die Marinade am besten aufsaugen).
3 Zwiebel schälen und in Ringe schneiden. Bohnen in tiefe Teller oder Schüsseln geben. Zwiebelringe durch die Marinade ziehen und auf die Bohnen geben.* Kren auf die Bohnen reiben. Alles mit Schnittlauch dekorieren.

Anmerkungen: Das Kochwasser der Bohnen nicht salzen. Salz durchdringt das Eiweiß der Bohnen, wodurch sie hart bleiben. Bohnen nicht kalt abschwemmen. Warme Bohnen nehmen mehr Marinade auf.

Passt zu Sulz, Schinken, Speck, Wurst und Käse.

Variation: Wenn man die marinierten Bohnen unter Zugabe von Kürbiskernöl püriert, ergibt das eine feine Creme, die zu Schinken oder Räucherfisch passt.

** Eine Ausnahme von der auf Seite 41 aufgestellten Regel: Auf diesen Salat passt rohe Zwiebel.*

Rindfleischsalat

Zutaten für 4 Portionen
Zubereitungsdauer ca. 4 Std.

1,5 bis 2 kg Tafelspitz
2 Karotten
2 Gelbe Rüben
1/2 Knolle Sellerie
1/2 Stange Lauch
1 Knolle Knoblauch
1 Lorbeerblatt
5 Wacholderbeeren
10 Pfefferkörner
Muskatnuss
1 Handvoll Vogerlsalat
Kren
4 Essigsteinpilze*

Für die Marinade
8 EL Maiskeimöl
4 EL Birnen- oder Apfel-Essig
100 ml Apfelsaft
Salz
Pfeffer

**Am besten aus der Delikatessen-Manufaktur Fink's*

1 Tafelspitz in kochendes Wasser legen und eine Stunde köcheln, dabei den aufsteigenden Schaum abschöpfen.

2 Karotten, Rüben und Sellerie schälen, Lauch putzen, Knoblauchknolle quer durchschneiden (der Knoblauch wird nicht geschält). Dieses Gemüse sowie das Lorbeerblatt, Wacholderbeeren, Pfefferkörner und eine Prise geriebene Muskatnuss zugeben und das Fleisch noch eine weitere gute Stunde köcheln; wenn man den Tafelspitz perfekt haben will, das Fleisch während des Köchelns beschweren, sodass es vom Fond bedeckt ist, andernfalls bleibt die Fleischschicht unter der Fettauflage gern ein wenig rosa und zäh, weil sie weniger gegart wird als der Rest des Tafelspitzes. Fleisch in der Suppe auskühlen lassen.

3 Vogerlsalat putzen, waschen und abtropfen lassen. Pilze in Scheiben schneiden.

4 Für die Marinade alle Zutaten verrühren. Fleisch gegen die Faser in dünne Scheiben schneiden. Karotten und Rüben dünnblättrig schneiden.

5 Fleisch und Gemüse durch die Marinade ziehen und auf Teller geben. Vogerlsalat durch die Marinade ziehen und ebenso wie die Pilze gefällig auf die Teller geben. Alles mit frisch geriebenem Kren bestreuen. Alles mit Apfel-Essig aus dem Zerstäuber parfümieren. Weiters kann man gekochte Bohnen dazugeben.

BALSAM FÜR

DIE KEHLE

Frucht der Reife

Aceto Balsamico Tradizionale ist die Bezeichnung für die wertvollsten Essige der Welt, und genau nach der dafür gebräuchlichen Methode hat Alois Gölles einen Balsam-Apfelessig entwickelt, der das Spektrum der großen Gourmandisen glanzvoll bereichert.

Als Rarität geschätzt und doch in breiten Strömen fließend, von Legenden umwoben und doch strengen Regeln unterworfen, kostbar und billig, vielfach beschrieben und immer noch geheimnisvoll, beglückendes Elixier und minderwertiges Gebräu – das alles ist Aceto Balsamico.

Aceto Balsamico Tradizionale wird nach der traditionellen Methode aus Traubenmost gewonnen. Das ist die erste Besonderheit, denn üblicherweise geht der Essiggärung eine alkoholische Gärung voraus. Der Traubenmost – zweite Besonderheit – wird eingekocht. Es entsteht ein süß-fruchtiges Konzentrat. Dieses wird in ein Holzfass gelegt und sauer vergoren. Der so entstandene Essig durchwandert – bekannteste Besonderheit – eine Batterie verschieden großer und meist auch aus verschiedenen Hölzern gefertigter Fässer, was mehrere Jahre in Anspruch nimmt. Diese Batterien werden an luftigen, exponierten Orten wie etwa Dachböden errichtet, womit man den Essig

Aromakonzentration per Hitze und Geduld: Der Saft für Balsam-Essig wird vor der Vergärung eingekocht.

der Wechselwirkung von Hitze und Kälte und dem Einfluss von Sauerstoff preisgibt. Es kommt dabei zu einer beträchtlichen Verdunstung von Wasser und einer weiteren Konzentrierung der Geschmacksstoffe. Was in dem einen Fass an Balsamico verloren geht, wird aus dem nächstgrößeren ergänzt. Essig für den Genuss wird ausschließlich dem kleinsten Fass entnommen. Essig einer neuen Ernte wird nur in das größte Fass gelegt. Nach dieser traditionellen Methode ist die Erzeugung von Balsam-Essig ein allmählicher Prozess, in dem sich das stete Werden und Vergehen in der Natur abbildet und die Essiggenerationen ineinanderfließen zu einem eigenartigen Elixier von höchst individuellem Charakter – sehr typisch für den Essigmacher und seine Batterie.

Das Verfahren wurde im Raum von Modena entwickelt, weshalb man den Essig auch Aceto Balsamico di Modena nennt. Modena ist heute freilich nur noch ein emotionaler Angelpunkt, denn mittlerweile – der Kommerz macht hier die Regeln – dürfen auch Essige „di Modena" heißen, deren Zutaten aus weiter Ferne kommen.

Auch Flüssigkeiten, die aus fragwürdigem Rotwein statt aromatischem Traubensaft, per Zucker und Färbungsmittel statt Reduktion und Reifezeit, industriell statt auf dem Dachboden eines Essigbrauers erzeugt werden, dürfen als Aceto Balsamico di Modena die Supermarktregale bevölkern und die Tomaten unter dem Mozzarella entweihen. Es existieren unter der Bezeichnung Aceto Balsamico di Modena verschiedenste Würzmittel, deren Qualität sich allein vom Studium der Etiketten nicht leicht taxieren lässt. Mit einer Ausnahme: Wenn „Tradizionale" draufsteht, ist jedenfalls edler Essig drin.

Dem kleinen Zusatz „Tradizionale" kommt große Bedeutung zu. Er gewährleistet, dass der Essig auf die oben beschriebene Art traditionell gewonnen wurde und bei der

Die Saftkonzentration wird gemessen (das Refraktometer zeigt optisch die Zuckergrade an) und erkostet.

Die Balsam-Essig-Batterie der steirischen Art: Der Essig wandert durch Fässer aus Eschen-, Akazien-, Kastanien-, Eichen- und Kirschholz und ist mindestens 8 Jahre auf seiner Reise zur vollkommenen Harmonie (im Fall der Gölles XA Privatreserve auch mehr als 20 Jahre).

GOLLES

Balsam-Essig-Fässer werden nur etwa zu drei Vierteln gefüllt, die Öffnungen nur mit einem Tuch abgedeckt, damit Essig verdunsten kann.

Prüfung durch eine geschmackssichere Kommission entsprochen hat. Knapp drei Viertel der eingereichten Proben werden von der Jury als unzureichend abgelehnt. Das zeugt von einem attraktiven Härtegrad der Prüfung und gewährleistet die Unbeflecktheit der Familie Balsamico Tradizionale von allen minderrassigen Erzeugnissen.

Eine derart achtbare Qualität, die den Tradizionale über jeden anderen Balsamico italienischer Provenienz stellt, erreicht ein Essig nur, wenn er nach den alten Regeln erzeugt wird und wenn ihm Leben eingegeben wird von Könnerhand und von der Kraft der Tradition. Wir reden von mindestens 1000 Jahren.

Zu Urkund kam ein Essig der besagten Art erstmals, indem beschrieben wurde, dass Heinrich III. auf seinem Weg zur Kaiserkrönung von Bonifazius, Marchese di Toscana, mit einer Essigkostbarkeit beschenkt wurde. Das war im Jahr 1046. Man darf jedoch annehmen, dass dieser Balsamico nicht extra für den hochmögenden Reisenden erfunden wurde und dass daher die Geschichte dieses speziellen Essigs in den Tiefen des ersten Jahrtausends wurzelt.

Balsam auf die steirische Art

Jüngeren Entstehungsdatums sind die Balsam-Essige aus der Manufaktur Gölles. Anfang der 1980er-Jahre entwickelte Alois Gölles in enger Anlehnung an die Herstellungsmethode für Aceto Balsamico Tradizionale einen Balsam-Apfelessig, indem er den Süßmost von Äpfeln durch Einkochen reduzierte, diesen Saft zu Essig vergor und in Holzfässern über viele Jahre lagerte. Die neue Essig-Spezialität wurde von den ambitionierten Köchinnen und Köchen der Spitzengastronomie sowie anspruchsvollen Genießern sogleich als besonders wertvolle Zutat angenommen. Erst 15 Jahre nach der Präsentation des ersten Balsam-Apfelessigs durch Alois Gölles brachten weitere Hersteller ähnliche Essig-Spezialitäten auf den Markt.

Für Balsam-Apfelessig wird in der Manufaktur Gölles der Saft von steirischen Äpfeln alter Sorten wie Maschansker, Ilzer Weinler, Rosenapfel oder Bohnapfel ganz geduldig bei einer Temperatur von ca. 100 °C auf ein Viertel der ursprünglichen Menge eingekocht. Bei der Vergärung des eingedickten Safts wird nur ein kleiner Teil des Zuckers in Alkohol umgesetzt und unmittelbar darauf zu Essigsäure verwandelt. Dies ist ein heikler Prozess – vergärt zu viel Zucker, fehlt es dem Balsam-Essig am gewünschten Schmelz und der bekannten Opulenz; vergärt zu wenig Zucker, mangelt es dem Essig am Ende

BALSAM-APFEL-ESSIG – EINE KULINARISCHE KOSTBARKEIT

an der Säure. Gelingt es also nicht, die Essigsäuregärung sofort nach der alkoholischen Gärung in Gang zu bringen, ist das Unternehmen Edel-Balsam-Essig gescheitert.

Nach einer Zeit der Klärung wird der Essig in die Fässer umgezogen und gelagert. Mindestens acht Jahre dauert es, bis Balsam-Apfelessig entsteht, doch ist in jeder Füllung auch wesentlich älterer Essig enthalten. Auch nach dieser langen Reifezeit präsentiert sich dieser Essig mit einem höchst vitalen Apfelaroma, doch ist dieses auf elegante Art verdichtet und in ein vielschichtiges Geschmacksensemble mit Noten nach Karamell und von den verschiedenen Hölzern eingebunden.

Mit dem Balsam-Apfelessig gelang es Alois Gölles, das Spektrum der Genussmittel und Zutaten für die feine Küche um eine wahre Kostbarkeit zu bereichern. Das anspruchsvolle Verfahren wird in der Essigmanufaktur auch für die Erzeugung weiterer feiner Essige angewendet.

Balsam-Birnenessig entsteht sehr ähnlich dem Balsam-Apfelessig, wobei vor allem die Mostbirnen der Region darin ihre höchste kulinarische Bestimmung finden. Mit seinem opulenten Geschmack nach vollreifen Birnen ist dieser Essig eine reizvolle Zutat für die kreative Küche.

Balsam-Weinessig aus der Essigmanufaktur Gölles ist ein ganz besonders edles Produkt. Für diese Spezialität wird nicht etwa Traubensaft eingedickt, sondern Trockenbeerenauslese zu Essig vergoren. Trockenbeerenauslese bietet ein Höchstmaß an Zuckerkonzentration in Verbindung mit elegantem Säurespiel und ist somit prädestiniert für die Gewinnung eines Essigs mit außerordentlicher Ausdruckskraft.

Der hohe Zuckergehalt entsteht auf natürlichem Weg, indem die noch am Rebstock hängenden Trauben vom Edelschimmelpilz *Botrytis cinerea* besiedelt und dabei deren Beerenhäute feinst perforiert werden. So kann das Wasser aus den Beeren verdunsten, sie schrumpeln und trocknen ein, wobei sich Zucker und andere Aromastoffe in faszinierender Art verdichten. 3 bis 4 kg derartiger Trauben benötigt der Winzer, um nur einen Liter Wein der Prädikatsstufe Trockenbeerenauslese zu gewinnen, doch die Trauben stehen in einem nur sehr begrenzten Maß zur Verfügung. In manchen Jahren bleibt die Besiedelung mit Botrytis völlig aus, in anderen Jahren kommen zur nützlichen Botrytis andere Pilze, die das Traubengut verderben. Nicht zuletzt tun sich auch gern die Vögel an den Trauben güt-

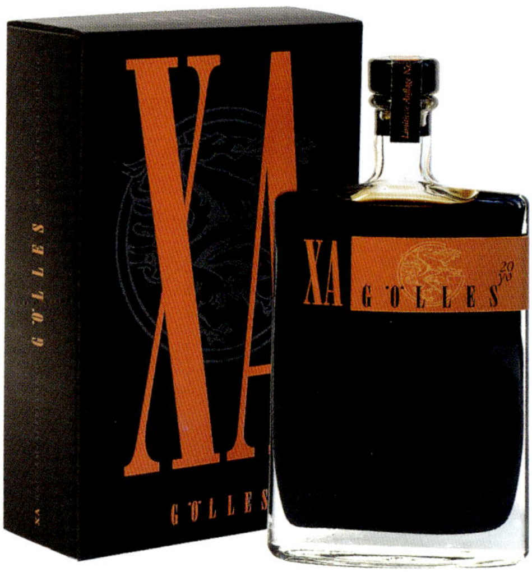

Aus der Privatreserve Alois Gölles: XA Balsam-Apfelessig wird nach mindestens 20-jähriger Reife in limitierter Zahl handnummeriert in Flakons angeboten.

lich, bevor diese noch die für Trockenbeerenauslese erforderliche Zuckerkonzentration entwickelt haben. Der Wagemut des Winzers, die Trauben bis in den November an den Rebstöcken zu lassen, und die Konsequenz des Essigbrauers, den am besten geeigneten und keinen anderen Wein für Balsam-Weinessig zu vergären, werden allerdings eindrucksvoll bedankt: Balsam-Weinessig aus Trockenbeerenauslese übertrifft an Eleganz und Aromakraft, an Vielschichtigkeit im Geschmackserlebnis und an angenehm-mildem Nachhall am Gaumen jeden anderen Wein-Essig.

Ausdruck von konzentrierter Aromakraft: Alter Balsam-Essig ist tiefdunkel und dick wie Honig

Weißer Balsam-Essig ist im Vergleich zu Balsam-Apfel-, Balsam-Birnen- und Balsam-Weinessig vergleichsweise einfach herzustellen, doch in der kulinarischen Anwendung überaus vielseitig. Für diesen Essig wird der Saft von weißen Trauben konzentriert und im Sinne der Farberhaltung im Edelstahl gereift. Der weiße Balsam-Essig durchläuft also nicht die Batterie, ist daher schon nach einem Jahr verfügbar und entsprechend preisgünstiger als andere Balsam-Essige.

XA – extra alt und extra aromatisch

Wie der Wein verändert auch der Essig mit der Reife seinen Charakter. Und wie beim Wein ist auch nicht jeder Essig für eine lange Zeit der Lagerung bestimmt. Einfacher Essig, der nur von der Säure bestimmt ist und dem es an Extraktstoffen mangelt, wird mit der Lagerung niemals an Qualität hinzugewinnen können. Wertvoller Essig aus besten Früchten und mit natürlicher Aromakraft wird mit den Jahren immer interessanter werden. Das Säurespiel des jungen Essigs tritt zurück, die Süße der Frucht gewinnt die Oberhand, die vielfältigen Düfte und Aromen der verschiedenen Hölzer verbinden sich damit harmonisch, sodass sich ein komplexes Genussmittel von milder Opulenz entwickelt.

XA steht bei Balsam-Apfelessig von Gölles für dieses höchste Maß an harmonischer Reife und milder Ausgewogenheit, das nur die Zeit erbringen kann. Für Gölles XA werden die edelsten Chargen vom Balsam-Essig zurückgelegt und jener langen Ruhe überlassen, in der große Genussmittel zu wahren Quintessenzen reifen können. 20 Jahre und mehr sind diese Raritäten aus der Privatreserve von Alois Gölles in der Batterie der Essigmanufaktur bei Riegersburg gelegen, bevor sie auf handnummerierte Flakons gezogen wurden. Wo sie übrigens noch eine Weile reifen können. Denn guter Balsam-Essig macht es wie die besten Weine – er gewinnt im Alter an Charakter und erfreut den Genießer mit unerhörter Ausdrucksstärke.

AUS GUTEN ALTEN

ZEITEN

Von Essigknödeln, Handstitzln und eingebrannten Erbsen – wie der Essig die Küche der Altvorderen belebte und warum es gut ist, wenn er beim Panieren der Schnitzel nicht vergessen wird.

Neben Wein und Olivenöl zählt Essig zu den ältesten Kulturgütern dieser Erde. Welch segensreiche Wirkung er in den verschiedensten Bereichen des menschlichen Lebens entfaltet hat – von der Kosmetik bis zur Chirurgie –, steht ab Seite 6 in diesem Buch geschrieben. Heute spielt er seine weitaus bedeutendste Rolle auf der kulinarischen Bühne, und auch diesbezüglich hat der Essig eine lange und ruhmreiche Geschichte.

Vom Einsatz des sauren Würzmittels liest man bereits in den frühesten Rezeptaufzeichnungen. Essig mit unterschiedlichem Säuregehalt wurde in Frankreich bereits in der Renaissance fassweise durch die Städte transportiert und von den Essigkarren weg verkauft. Das saure Einlegen von Gemüsen war ebenso beliebt wie die Kreation von Salatmarinaden – und zwar so sehr, dass bereits im 16. Jahrhundert der Fiskus per Einführung einer Essigsteuer an der kulinarischen Spiellaune des Volkes profitieren wollte.

Ungefähr in dieser Zeit entstand auch die erste österreichische Kochkunst-Aufzeichnung: Das „Kochbuch der Philippine Welser“. Zugeschrieben wird es der gleichnamigen Kaufmannstochter aus Augsburg, deren kulinarische Talente ebenso außergewöhnlich waren wie ihre Lebensumstände. Die Wissenschaft bezweifelt heute, dass Frau Welser tatsächlich die Autorin dieser um 1550 entstandenen Handschrift war, dessen ungeachtet bleibt das Buch mit ihrem Namen verbunden und wird als zentrales Stück der Landesliteratur in der Nationalbibliothek zu Wien verwahrt.

Die schöne Philippine verfügte nicht nur über ein Gespür für das Kulinarische, sondern in gewisser Weise auch über

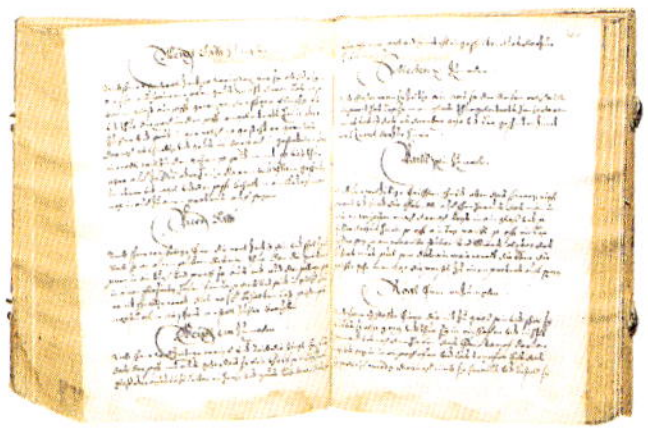

Einblick in das Kochbuch der Philippine Welser, entstanden um 1550 (womit die Rezeptschreibung der Nation begann)

KRAUTFLECKERLN

Variation eines Klassikers

Zucker und ein wenig Wasser in einer Pfanne erhitzen, bis der Zucker leicht Farbe genommen hat. Butter und einen guten Schuss Bier-Essig zugeben und zugießen. Fleckerlartig geschnittenes Weißkraut und fein gehackte Schalotten einrühren und das Kraut bei bedecktem Topf bissfest dünsten. Fleckerln aus Nudelteig unterheben, mit Salz und schwarzem Pfeffer abschmecken, mit Majoran bestreut servieren.

Bestseller einer Autorin mit steirischen Wurzeln und umfassender Küchenweisheit („Essig macht das Schnitzel mager"): „Die Prato". Hunderttausende Male verkauft und in unserer Zeit neu aufgelegt.

Erzherzog Ferdinand II. Mit diesem lebte sie auf Schloss Ambras bei Innsbruck in einer über lange Jahre inoffiziellen Beziehung (Frau Welser war bedauerlicherweise von keinem adeligen Geblüt und daher für einen Kaisersohn von zu geringem Stand). Auf Ambras wurde Hof gehalten, und zwar einer der modernsten und pompösesten dieser Zeit. Philippine Welser erwarb sich den Ruf einer vorzüglichen Gastgeberin, und viele Rezepte aus ihrer Küche fanden mit dem Zusatz „à la tyrolienne" Eingang in zahlreiche andere Herrschaftsküchen – die berühmte Tiroler Leber etwa oder die Sauce tyrolienne, in der der Essig eine bedeutende Rolle spielt:

Sauce tyrolienne: *2 dl Wasser, 1 Schuß Weißweinessig, 5 Pfefferkörner, 1 Bündel Estragonstiele und 1 EL fein gehackte Zwiebel kochen, bis nur mehr zwei Eßlöffel Flüssigkeit übrig sind. Diese Reduktion abseihen, leicht abkühlen lassen und mit 2 Eidottern über Dampf schaumig schlagen. 200 ml Pflanzenöl wärmen und unter ständigem Schlagen langsam in die Dottermasse einfließen lassen, bis eine mayonnaiseähnliche Sauce entsteht. 2 EL Tomatenmark, 2 EL fein gehackten Estragon und 1/2 EL fein gehackte Petersilie unterziehen. Mit Salz abschmecken.*

Küchentechnisch schätzte man in dieser Zeit die konservierende Wirkung des Essigs mindestens so sehr wie seine aromatisierende. Er kommt daher vorzugsweise in allerlei Ragoutgerichten vor, die auch ohne Kühlung eine gewisse Zeit lang ungefährlich bleiben sollten, in der Beize für Fleisch und Fisch, im Beuschel, in (Sauer-)Braten, Fischsauce oder Suppen.

In einer wunderbaren Sammlung historischer oberösterreichischer Rezepte (Helga Litschel, „Busserlsuppn, Bauchstecherl und Rauhwuzlkoch") findet man aber auch einige Hinweise darauf, dass der Essig in der Zubereitung von Mehlspeisen eine bedeutende Rolle spielte. Unentbehrlich erschien er bei der Zubereitung von Strudelteig, der durch die Zugabe von Essig besonders geschmeidig wird, oder von „Handstitzln", einer verfeinerten Art der Schnur-, Spagat- oder Prügelkrapfen, die erst durch einen guten Schuss Apfel-Essig den gewünschten frisch-fruchtigen Geschmack erhielten.

Überhaupt scheint es in den Küchen ob der Enns sauer zugegangen zu sein: „Essigknödel" – kalte Knödel mit Bratenresten in einer Marinade aus Essig und Öl – werden als ideales, weil wiederbelebendes Gericht für den Neujahrstag empfohlen, und den Karpfen legte man vorzugsweise in eine

„böhmische Soß“, die zu gleichen Teilen aus Rindsuppe, dunklem Bier und Essig zubereitet wurde.

In zahlreichen alten Kochbüchern stehen auch Anleitungen, wie Essig – und vor allem auch aromatisierter Essig – herzustellen sei. So finden sich in den umfangreichen Aufzeichnungen der Anna Pölzl, respektable Rösslwirtin zu Marchtrenk, aus dem Jahre 1896 neben dem oft genannten „Bertram“-(= Estragon-)Essig auch Rezepte für Kren-, Himbeer- oder den folgenden „Nuss-Essig“, der mit einer motivierenden Zusatzbemerkung versehen ist: „... er hält sich sehr gut und lange“.

Nuß-Essig: *100 Stück Nüsse zu Johann abgenommen, 1 Loth Pfeffer, 1 Loth Nelken, gestoßen, 2 Stück Knoblauch, 6 Schalotten, 6 Zwiebel, 1/2 Pfd. Salz, dieses zusammengehackt und in ein weites Glas gegeben, ein Maß Weinessig dazu, mit Papier verbunden und mit einem Deckel noch zugedeckt in den Keller gestellt und während 3 Wochen täglich umgerührt, dann durch ein Tuch gepreßt und zugedeckt 1 Tag stehen lassen, durch ein Flanelltuch geseiht und in Flaschen gefüllt und gut verpfropft.*

In vielfältiger Anwendung wird Essig auch von der Kochbuch-Bestseller-Autorin deutscher Sprache, Katharina Prato, empfohlen. Ihr Standardwerk „Die Süddeutsche Küche“ (in der

SAURE WURST

Wie man jausnet, so lebt man!

Extrawurst in messerrückendicke Scheiben schneiden und auf einen Teller legen. Mit Most-Essig besprühen, mit Maiskeim- oder Kernöl beträufeln und mit Salz und grob gemahlenem oder zerdrücktem schwarzem Pfeffer bestreuen. Fein geschnittene Ringe von einer roten Zwiebel* darauflegen.

Eine Ausnahme von der auf Seite 41 aufgestellten Regel betreffend rohe Zwiebel: Auf der sauren Wurst* ***muss* *die Zwiebel roh sein!*

SAURES RINDFLEISCH

nach Juliana Gölles

Rote Zwiebeln schälen und blättrig schneiden. Gekochtes Rindfleisch in dünne Scheiben schneiden. In einer Schüssel einen guten Schuss Roséwein-Essig Schilcher mit doppelt so viel Kernöl, Salz, Pfeffer und frisch geriebenem Kren zu einer Marinade rühren. Rindfleisch und Zwiebeln* darin wenden und auf Teller geben.

** Eine Ausnahme von der auf Seite 41 aufgestellten Regel betreffend rohe Zwiebel: Auf dem sauren Rindfleisch* ***muss*** *die Zwiebel roh sein!*

ALTES RIND SEHR GESCHWIND

TAFELSPITZ-CARPACCIO

frei nach Giuseppe Cipriani

Die Interpretation des Carpaccio auf steirische Art: Gekochten Tafelspitz in dünne Scheiben schneiden, gefällig auf Teller legen und mit folgender Styria-Carpaccio-Sauce bildhübsch überziehen: Aus Ei, Apfel-Essig, Salz, Pfeffer, Senf, einer Prise Zucker, ein wenig Worcestershiresauce und Maiskeimöl am besten mithilfe eines Pürierstabs eine Mayonnaise aufrühren. Einen Schuss fassgelagerten Apfelbrand und ein wenig Tomatenmark einmixen. Tafelspitz-Carpaccio mit gerösteten Kürbiskernen und eventuell rosa Pfeffer dekorieren.

NEUES RIND SEHR GESCHWIND

KLACHELSUPPE

nach Juliana Gölles

4 zerteilte Schweinshaxen und 2 vordere Stelzen in kochendes Wasser legen und einmal aufkochen. Wieder herausnehmen. Haxen und Stelzen in 1,5 l kaltem Wasser zustellen, 1 Lorbeerlaub, 2 zerdrückte Wacholderbeeren, 1 TL Pfefferkörner, Salz und einen Schuss Weißwein-Essig zugeben und alles langsam aufkochen. Schaum abschöpfen. Bei kleiner Flamme in 1 1/2 Std. fertig kochen (Fleisch und Schwarte müssen weich sein). Suppe abseihen, die Fleischstücke von den Knochen lösen und in kleine Würfel schneiden. 1 TL Mehl in etwas Wasser einrühren und damit die Suppe binden. Die Suppe muss noch einmal aufgekocht und mit Essig, Pfeffer und Salz abgeschmeckt werden.

italienischen Übersetzung übrigens „La Cucina della Mitteleuropa") kann heute als die bedeutendste Rezeptsammlung der Habsburgermonarchie gesehen werden, denn immerhin fanden bereits zu Lebzeiten der Autorin 200.000 Exemplare den Weg von den Buchhandlungen in die Haushalte. Bei Prato kommt Essig fast unvermeidlich in steirischen Gerichten vor, wobei man annehmen kann – Prato war gebürtige Grazerin –, dass die Autorin originalgetreu berichtete. Von der Sauren Suppe mit Heidensterz bis zum Krenfleisch, dem sauer eingemachten Lüngerl bis zu eingebrannten Erbsen spielt Essig eine belebende Rolle, und auch in diesem feinen „Kalten Püree von Erdäpfeln":

Erdäpfel-Püree: *„Man rührt die zerdrückten Erdäpfel mit Bertram- (Anm.: Estragon-) oder Himbeer-Essig, Öl, Salz und weißem Pfeffer ab, oder färbt sie mit Rohnen-(Anm.: Rote-Rüben-)Essig."*

Auch manche unvermutete und doch heute noch nützliche Anwendung für Essig kann man in der alten Literatur finden. Prato weiß, dass auch Wiener Schnitzel durch Essig besser werden:

„Die Fleischstücke ... bestreut man zuerst mit Mehl, taucht sie dann mit einer Gabel in eine Mischung von gesalzenem Ei und Wasser oder nur in lauwarmes Wasser, wodurch die Brösel besser kleben bleiben als bei kaltem Wasser. In das Wasser soll man einen Löffel voll scharfem Essig geben, wodurch das Gebackene weniger fett wird."

SAURE SUPPE UND HEIDENSTERZ

nach Katharina Prato

Verschiedenes Fleisch als Gekröse, Lunge, Vormaul oder das Junge einer Gans siedet man in einem Topfe mit gesalzenem Wasser, Zwiebelscheiben, Thymian, einem Lorbeerblatte und etwas Essig. Wenn das Fleisch weich ist, nimmt man es heraus, schneidet es zu länglichen Bröckeln, entfernt die Beine, vergießt mit der geseihten Brühe eine lichtgelbe Einbrenn und kocht das Fleisch damit auf. Oder man sprudelt das Mehl mit saurem Rahm und der sauren Brühe ab, läßt sie aufkochen und gibt Brot oder Heidensterz dazu.

Für den Heidensterz schüttet man 1/2 Liter Heidenmehl (Anm.: Buchweizenmehl) in 1 1/2 Liter siedendes Wasser und läßt es zugedeckt 10 Minuten kochen, dann dreht man den ganzen Mehlkloß um, das Obere gegen unten, nachdem man das Mehl vom Rande des Kochtopfs gelöst. Man läßt es nun ebenso lange kochen, sticht aber während dieser Zeit mit dem Kochlöffel durch den Mehlstoß hinab, damit das Mehl durch den Dunst besser aufschwellen kann. Dann schüttet man etwas vom Wasser herab, läßt aber soviel daran, als man glaubt, unter das Mehl verrühren zu können und thut dies mit dem Kochlöffel zu großen Brocken. Nun schüttet man etwa 10 Deka heißes Schmalz oder von ausgelassenem Specke das Fett darüber und läßt den Topf zugedeckt seitwärts auf dem Herde 1/4 Stunde stehen. Nach dieser Zeit zerbröckelt man es mit einer zweispitzigen Gabel, gibt es bergartig auf die Schüssel und brennt heiße Speckgrammeln oder Schmalz darüber.

AUS DEM KULINARISCHEN VERMÄCHTNIS DER IRMINA BIERBAUM

Unüberschaubar ist das Heer der Hausfrauen und Köchinnen, die – ohne jemals öffentliches Lob zu ernten – einen wertvollen Dienst an der kulinarischen Kulturgeschichte verrichten. Über die Generationen tragen sie das Wissen um die bekömmliche und kräftigende Zubereitung von Speisen weiter, in guten wie in schlechten Zeiten. Stellvertretend für die vielen sei an dieser Stelle Irmina Bierbaum vorgestellt, die ihre Rezepte nicht nur in Form der mündlichen Überlieferung weitergegeben, sondern auch – man sieht es auf den nächsten Seiten – höchst ordentlich aufgeschrieben hat.

Als siebentes von 13 Kindern 1905 geboren, erhielt sie trotz der großen Kinderschar und der beschränkten Mittel die Gelegenheit, in Graz die Haushaltungsschule zu besuchen. Mit dieser Ausbildung kam sie bei einem Tierarzt in Feldbach in Stellung, heiratete 1936 Johann Scheucher und damit in eine Landwirtschaft ein. Hier fand sie ein reiches Anwendungsfeld für alle küchenhandwerklichen Fertigkeiten; es wurde am Hof geschlachtet, der Mann war Waidmann auch, sodass die Zubereitung von Spezialitäten wie Bluttommerln, Breinwurst, Presswurst, Milzschöberl oder Lungenstrudel auf der Tagesordnung stand. Dazu wurde geselcht und geräuchert und getrocknet und eingerext, denn der Komfort von öffentlichen Kühlhäusern konnte erst in den 50er-Jahren in Anspruch genommen werden.

Die gute Hauswirtschaft erstreckte sich freilich nicht nur auf die Vorratshaltung, sondern auch auf die Erzeugung der Zutaten für eine einfache, doch gute Küche. Die Gärtnerei gehörte dazu (man kultivierte bei Scheuchers sogar Melonen!) und ganz selbstverständlich auch die Erzeugung von Most, Apfel-Essig und Kürbiskernöl.

Die gute „Haushaltung" einschließlich der Erzeugung von steirischen Spezialitäten hat in der Familie bis heute hohen Stellenwert. Irmina Scheuchers Enkeltochter Herta heiratete 1984 Alois Gölles, womit sie auch mit der Obstgärtnerei und Essigbrauerei ganz besonders eng verbunden wurde.

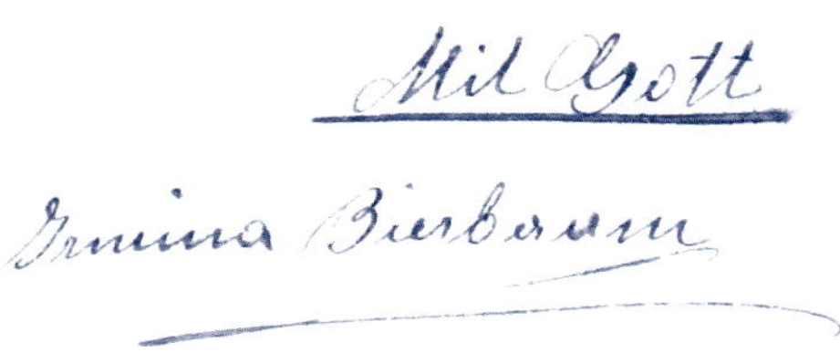

Irmina Bierbaum an ihrer Arbeitsstätte (Fotografie von 1936)

Aus dem Rezeptbuch der Irmina Bierbaum (Faksimile umseitig)

HACKBEEFSTEAKS

Gutes saftiges Rindfleisch wird mit den in Milch geweichten und wieder ausgedrückten Semmeln od. Knödelbrot u. etwas Zwiebel fein gewiegt od. durch die Fleischmaschine gedreht. Dann werden Eier, Salz, Pfeffer gut darunter gemischt, runde Laibchen geformt u. auf beiden Seiten gebraten.

GERÖSTETE RINDSNIEREN

Die Nieren werden vom Fett befreit, man schneidet Zwiebel, läßt es im Fett gelblich anlaufen, röstet dann die fein blättrig geschnittenen Nieren auf gutem Feuer u. staubt dann Mehl darauf u. vergießt es mit Fleischsuppe od. Wasser, würzt es mit Majoran u. etwas Essig, läßt es aufsieden salzt es zuletzt u. gibt es auf den Tisch. Man gibt auch ein paar Löffel sauren Rahm darauf. In gleicher Weise aber nur mit Fett u. Zwiebel bereitet man die Schweinsnieren.

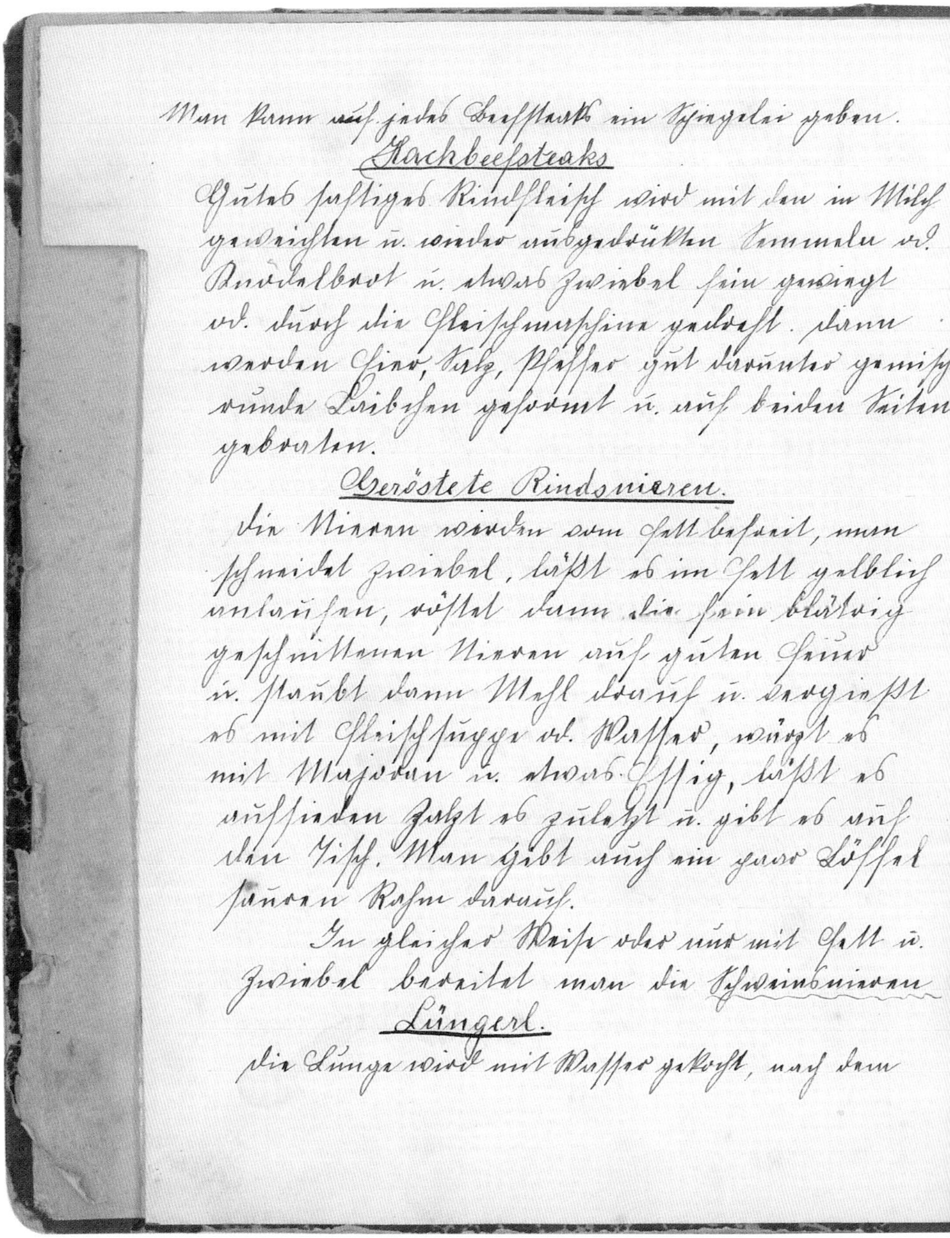
Man kann auch jedes Beefsteak ein Spiegelei geben.
Hachbeefsteaks
Gutes saftiges Rindfleisch wird mit den in Milch geweichten u. wieder ausgedrückten Semmeln od. Nudelbrot u. etwas Zwiebel fein gewiegt od. durch die Fleischmaschine gedreht. dann werden Eier, Salz, Pfeffer gut darunter gemischt runde Laibchen geformt u. auf beiden Seiten gebraten.
Geröstete Rindsnieren.
Die Nieren werden vom Fett befreit, man schneidet Zwiebel, läßt es im Fett gelblich anlaufen, röstet dann die fein blättrig geschnittenen Nieren auf gutem Feuer u. staubt dann Mehl darauf u. vergießt es mit Fleischsuppe od. Wasser, würzt es mit Majoran u. etwas Essig, läßt es aufsieden salzt es zuletzt u. gibt es auf den Tisch. Man gibt auch ein paar Löffel sauren Rahm darauf.
In gleicher Weise oder nur mit Fett u. Zwiebel bereitet man die Schweinsnieren
Lüngerl.
Die Lunge wird mit Wasser gekocht, nach dem

LÜNGERL

Die Lunge wird mit Wasser gekocht, nach dem Erkalten wird sie nudelig geschnitten. Man macht eine dunkle Einbrenn gibt Majoran, Thymian, Lorbeerblatt, Zwiebel Zitronenschale und Grünes fein gewiegt alles hinein, vergießt es mit Fleischsuppe od. Wasser fügt einige Löffel Essig u. die Lüngerl dazu, läßt alles gut kochen, gibt ein paar Löffel sauren Rahm dazu u. richtet es an. Kalbslunge wird ebenso bereitet. Man kann die Lunge aber auch in der Beize kochen, auskühlen, schneiden u. in die Einbrenn hinein u. mit durchgeseihten Beizwasser vergießen es ist fast besser u. leichter (zu) machen.

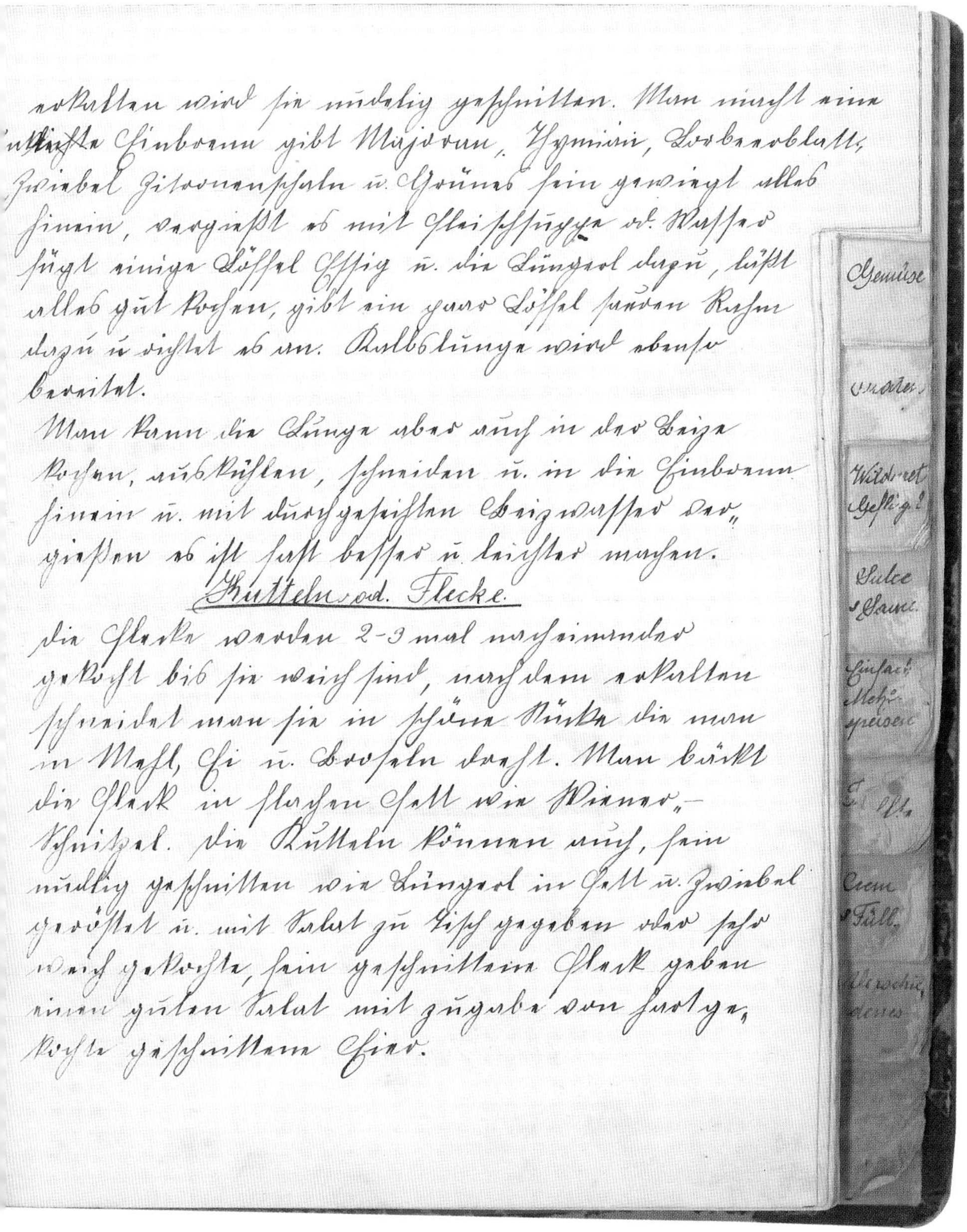

erkalten wird sie nudelig geschnitten. Man macht eine […]lichte Einbrenn gibt Majoran, Thymian, Lorbeerblatt, Zwiebel Zitronenschalen u. Grünes fein gewiegt alles hinein, vergießt es mit Fleischsuppe od. Wasser fügt einige Löffel Essig u. die Lüngerl dazu, läßt alles gut kochen, gibt ein paar Löffel sauren Rahm dazu u. richtet es an. Kalbslunge wird ebenso bereitet.

Man kann die Lunge aber auch in der Beize kochen, auskühlen, schneiden u. in die Einbrenn hinein u. mit durchgeseihtem Beizwasser vergießen es ist fast besser u. leichter machen.

Kutteln od. Flecke

die Flecke werden 2–3 mal nacheinander gekocht bis sie weich sind, nachdem erkalten schneidet man sie in schöne Stücke die man in Mehl, Ei u. Bröseln dreht. Man bäckt die Fleck in flachen Fett wie Wiener-Schnitzel. die Kutteln können auch, fein nudlig geschnitten wie Lüngerl in Fett u. Zwiebel geröstet u. mit Salat zu Tisch gegeben oder sehr weich gekochte, fein geschnittene Fleck geben einen guten Salat mit Zugabe von harte gekochte geschnittene Eier.

KUTTELN OD. FLECKE

Die Flecke werden 2–3 mal nacheinander gekocht bis sie weich sind, nach dem Erkalten schneidet man sie in schöne Stücke die man in Mehl, Ei u. Bröseln dreht. Man bäckt die Fleck in flachen Fett wie Wiener Schnitzel. Die Kutteln können auch fein nudlig geschnitten wie Lüngerl in Fett u. Zwiebel geröstet u. mit Salat zu Tisch gegeben oder sehr weich gekochte, fein geschnittene Fleck geben einen guten Salat mit Zugabe von hartgekochte geschnittene Eier.

CLASSIC
WITH A
TWIST. DIE
FASZINATION
DER NEUEN
KÜCHE.

Forelle blau im Veltlinerfond

Zutaten für 4 Portionen
Zubereitungsdauer ca. 1/2 Std.

2 rote Zwiebeln
1/4 l Grüner Veltliner (oder anderer fruchtiger Weißwein)
1/16 l Weißwein-Essig Veltliner
Zucker
Salz
1 Lorbeerblatt
schwarze Pfefferkörner
Senfkörner
Gewürznelken
Wacholderbeeren
Filets von 4 Bachforellen
Butter

1 Zwiebeln schälen und in dünne Scheiben schneiden. 1 l Wasser mit Wein, Essig, 2 EL Zucker, 1 EL Salz, Lorbeerblatt, 1 TL Pfefferkörnern, 1/2 TL Senfkörnern, Gewürznelken und ein paar Wacholderbeeren in einen großen Topf geben (die Forellenfilets sollten darin nebeneinander Platz haben) und ca. 1/4 Stunde köcheln.

2 Von den Forellenfilets die eventuell noch darin verbliebenen Gräten auszupfen (dabei die Filets möglichst wenig auf der Hautseite berühren, damit die Schleimschicht erhalten bleibt, denn in dieser entwickelt sich die attraktive Farbe). Forellenfilets mit der Haut nach oben in den Fond legen; Forellenfilets knapp unter dem Siedepunkt im bedeckten Topf pochieren (dauert ca. 5 Minuten; die Forellenfilets sollten innen glasig bleiben).

3 Forellenfilets aus dem Fond heben. 1/4 l des Fonds kräftig einkochen, durch Einrühren von kalter Butter binden und mit Salz und Pfeffer abschmecken.

4 Forellenfilets auf Zwiebeln und mit Sauce anrichten. Als Beilage passen Salz- oder Petersilkartoffeln.

Alpenlachs mit Spinat

Zutaten für 4 Portionen
Zubereitungsdauer ca. 1/2 Std.

Für den Lachs
600 g Alpenlachs- oder Saiblingsfilet
Olivenöl
Kräuter wie Basilikum oder Rosmarin
Fleur de Sel
Pfeffer
edler Essig aus dem Zerstäuber

Für den Spinat
3 Handvoll Blattspinat
Butter
1 kleine Knoblauchzehe
Salz
Pfeffer
Muskatnuss

Für die Zwiebeln
8 kleine Jungzwiebeln
Salz
Butter

1 Vom Alpenlachs- oder Saiblingsfilet die eventuell noch darin verbliebenen Gräten auszupfen. Eine Pfanne oder feuerfeste Form mit Olivenöl ausstreichen, Filet einlegen, mit Öl beträufeln, Kräuter wie Basilikum oder Rosmarin dazulegen, Pfanne oder Form mit Frischhaltefolie bespannen und in den Backofen schieben. Filet bei 70 °C wärmen und dämpfen (der Fisch sollte innen glasig bleiben; dauert ca. 20 Minuten).
2 Von den Spinatblättern die Stiele abzupfen, schadhafte Blätter aussortieren. Spinat gut waschen und abtropfen lassen.
3 In einem großen Topf 2 EL Butter mit gepresstem Knoblauch, Salz, Pfeffer und geriebener Muskatnuss bis zum Aufschäumen erhitzen. Spinat einlegen, Topf zudecken und den Spinat bei geringer Hitze ein wenig dämpfen (dauert nicht länger als eine oder zwei Minuten). Spinat dabei ein- oder zweimal wenden, Topf von der Hitze nehmen (die Spinatblätter sollten zusammenfallen, aber nicht völlig durchgegart werden).
4 Jungzwiebeln putzen, grüne Enden wegschneiden. Zwiebeln in Wasser mit Salz ca. 2 Minuten kochen. Aus dem Wasser heben, abtropfen lassen und in Butter glacieren, salzen und pfeffern.
5 Spinat und Zwiebeln auf Teller geben. Fischfilet in hübsche Stücke teilen und auf den Spinat legen. Mit Fleur de Sel und eventuell frisch gemahlenem Pfeffer würzen, mit dem Öl aus der Pfanne beträufeln, mit Essig aus dem Zerstäuber parfümieren. Eventuell als exotischen Akzent ein wenig Marillenpüree mit Frucht-Essig aromatisieren und auf die Teller geben.

Lachsforelle mit Brombeermark

Zutaten für 4 Portionen
Zubereitungsdauer ca. 1 Std.

Für die Erdäpfel
400 g festkochende Erdäpfel
Butterschmalz
Salz

Für das Brombeermark
150 g Brombeeren
4 cl Himbeer-Essig
brauner Zucker
Butter
Salz

Für die Lachsforelle
600 g Lachsforellenfilet
Schnittlauch
Fleur de Sel

1 Erdäpfel schälen und in hauchdünne Scheiben schneiden (gelingt am besten mit einer Maschine oder auf dem Gemüsehobel). Wenn das Gericht besonders elegant werden soll: Erdäpfelscheiben rund ausstechen.

2 In einer geräumigen Pfanne Butterschmalz erhitzen. Erdäpfelscheiben einzeln einlegen und beidseitig braten, bis sie knusprig sind (Achtung: Die Erdäpfelscheiben bräunen recht schnell). Erdäpfelscheiben auf Küchenkrepp legen und leicht salzen.

3 Für das Brombeermark Brombeeren putzen, zerdrücken und gemeinsam mit Himbeer-Essig und 1 TL braunem Zucker ca. 5 Minuten köcheln. Beeren durch ein Sieb streichen und durch Einkochen von ein wenig kalter Butter leicht binden. Mit ganz wenig Salz abschmecken.

4 Vom Lachsforellenfilet die eventuell darin verbliebenen Gräten auszupfen. Fettansätze und Bauchlappen wegschneiden. Lachsforellenfilet in 8 gleich schwere Stücke schneiden und auf einem Dämpfeinsatz oder wie beim Rezept „Alpenlachs“ auf Seite 93 beschrieben garen; der Fisch sollte im Kern gut glasig bleiben.

5 Schnittlauch in feine Röllchen schneiden. Erdäpfelscheiben gefällig auf Teller legen und mit Schnittlauch bestreuen. Lachsforellenfiletstücke darauflegen und mit Fleur de Sel bestreuen. Brombeermark extravagant auf die Teller streichen.

Zanderfilet mit Apfel-Kohlrabi

Zutaten für 4 Portionen
Zubereitungsdauer ca. 1/2 Std.

Für den Kohlrabi
2 Kohlrabi
1/4 l Schlagobers
Crème fraîche
Salz
Muskatnuss
Apfel-Essig
weißer Pfeffer

Für den Zander
600 g Zanderfilet (mit der Haut)
Pflanzenöl
Butter
8 Knoblauchzehen
Meersalz oder Fleur de Sel
gemahlener Kümmel
Schnittlauch

1 Kohlrabi schälen und hauchdünn schneiden oder auf einem Gemüsehobel hobeln.
2 In einem Topf Schlagobers mit Crème fraîche, Salz und einer Prise geriebener Muskatnuss erhitzen. Kohlrabi einlegen und im heißen Obers mehr ziehen als kochen lassen, bis er nur noch ein wenig bissfest ist. Einen kleinen Schuss Apfel-Essig zugießen. Kohlrabi mit Salz und weißem Pfeffer abschmecken.
3 Vom Zanderfilet die darin verbliebenen Gräten auszupfen. Zanderfilet in acht gleich schwere Stücke schneiden und gut trocken tupfen (wenn das Filet feucht in die Pfanne gelegt wird, bleibt die Haut gern am Pfannenboden kleben).
4 In einer beschichteten Pfanne einen guten Schuss Öl und 1/2 EL Butter erhitzen. Knoblauchzehen in der Schale ein wenig zerdrücken, sodass die Schalen aufplatzen. Zanderfiletstücke mit der Haut nach unten in die Pfanne legen, Knoblauchzehen dazugeben. Zander auf der Haut braten, dabei das heiße Fett mithilfe eines Löffels immer wieder über die Filetstücke schöpfen. Die Zanderfilets sind ausreichend gegart, wenn ihre Haut knusprig ist, sie aber im Inneren noch glasig sind. Ausreichend gegarte Zanderfilets aus der Pfanne heben und auf Küchenkrepp trocken tupfen.
5 Kohlrabi wenn erforderlich nochmals erhitzen. Kohlrabi auf Teller geben, Zanderfiletstücke mit der Haut nach oben darauflegen, Knoblauch dazugeben. Zander mit Meersalz (am besten Fleur de Sel) und eventuell einem Hauch gemahlenem Kümmel würzen. Alles mit fein geschnittenem Schnittlauch bestreuen.

Frittata mit grünem Spargel

Zutaten für 4 Portionen
Zubereitungsdauer ca. 1 Std.

1/2 kg mehlige Erdäpfel
Salz
400 g grüner Spargel
3 Jungzwiebeln
Petersilie
3 Eier
200 g Schlagobers
Pfeffer
Muskatnuss
Butter
Verschiedene Essige; bevorzugt
Marillen-, Zwetschken- und dunkle
Balsam-Essige

1 Erdäpfel in gesalzenem Wasser kochen, schälen und blättrig schneiden.

2 Spargel putzen (trockene Enden wegschneiden, der grüne Spargel muss nicht geschält werden). Spargel in gut gesalzenem Wasser ca. 1 Minute kochen, sofort mit eiskaltem Wasser abschrecken und im kalten Wasser ein paar Minuten liegen lassen (so wird die frische Farbe erhalten).

3 Jungzwiebeln putzen und in Ringe schneiden. Petersilblättchen von den Stängeln zupfen und hacken (man benötigt davon 2 EL voll). Spargel in mundgerechte Stücke schneiden, dicke Stangen auch der Länge nach halbieren.

4 Eier mit Schlagobers versprudeln und recht kräftig mit Salz, Pfeffer und (das allerdings dezent) geriebener Muskatnuss würzen.

5 Eine schwere Pfanne rundum mit Butter ausstreichen. Erdäpfelscheiben, Spargel, Jungzwiebeln und Petersilie in die Pfanne schichten, mit der Eier-Obers-Mischung begießen. Frittata im Backofen bei 200 °C backen, bis die Eiermischung gestockt ist (dauert ca. 15 Minuten).

6 Frittata nach dem Backen noch mindestens 5 Minuten rasten lassen. Portionsweise aus der Pfanne schneiden und mit verschiedenen feinen Essigen (wenn möglich im Zerstäuber) zu Tisch bringen. Besonders gut harmonieren dunkle Balsam-Essige oder Frucht-Essige wie Marillen- und Zwetschken-Essig.

Filetsteaks mit Balsambutter

Zutaten für 4 Portionen
Zubereitungsdauer ca. 1/2 Std.

Für die Steaks
4 Filetsteaks à 200 g
schwarzer Pfeffer
Butterschmalz
Butter
1/16 l Balsam-Apfelessig
Salz

Für die Zwiebeln
ca. 20 Grillzwiebeln
Zucker
1/2 l Rotwein (am besten Zweigelt)
1/16 l Rotwein-Essig Zweigelt
Rosmarin
Thymian
Salz
Pfeffer

1 Zwiebeln schälen (das gelingt leichter, wenn man die Zwiebeln zuvor überkocht). In einem geräumigen Topf oder einer Pfanne 2 EL Zucker bis zum Karamellisieren erhitzen. Wein und Essig zugießen, je einen Zweig Rosmarin und Thymian sowie die Zwiebeln einlegen und die Zwiebeln in diesem Fond bei halb bedecktem Topf köcheln, bis sie weich sind.

2 Zwiebeln und Kräuter aus dem Fond heben. Fond bis zur Dickflüssigkeit einkochen, mit Salz und grob geriebenem Pfeffer abschmecken und die Zwiebeln darin glacieren.

3 Fleisch rundum mit gestoßenem oder grob gemahlenem Pfeffer würzen. In einer ofenfesten Pfanne 2 EL Butterschmalz erhitzen. Steaks auf allen Seiten (auch rundum) anbraten, in den Backofen schieben und bei 220 °C bis zum gewünschten Garzustand braten (zur Garprobe die Steaks zwischen Daumen und Zeigefinger drücken: Wenn sich das Fleisch anfühlt wie ein entspannter Muskel, sind die Steaks im Inneren noch ziemlich roh; fühlt man bei dieser Druckprobe nur noch im Innersten einen weichen Bereich, ist das Fleisch „auf Punkt"; fühlt es sich so fest an wie ein angespannter Muskel, hat man das Steak durchgebraten). Steaks in Folie eingeschlagen und im ausgeschalteten und offenen Backofen noch ca. 10 Minuten rasten lassen.

4 Das Fett aus der Bratpfanne abgießen. 4 EL Butter in die Pfanne geben und bis zum Aufschäumen erhitzen. Balsam-Apfelessig zugießen, den aus dem Fleisch ausgetretenen Saft ebenfalls in die Pfanne gießen und die Flüssigkeit einkochen, bis eine sämige Sauce entstanden ist. Steaks in der Balsambutter wenden und mit den Rotweinzwiebeln anrichten. Fleisch erst auf dem Teller salzen. Als Beilage passt Kartoffel- oder Selleriepüree.

Nierndln mit Balsam-Birnen-Saft

Zutaten für 4 Portionen
Zubereitungsdauer ca. 1/2 Std.

4 Schweinsnieren
Milch
1–2 weiße Zwiebeln
2 Knoblauchzehen
Mehl
Pflanzenöl
2 EL Butter
Hühnerfond oder Ochsenschwanzfond wie auf den Seiten 112 und 113 beschrieben (ersatzweise Wasser mit Suppenwürfel)
4 cl Kirschen-Essig
Salz
Pfeffer
Majoran

1 Nieren der Länge nach aufschneiden, die Fettablagerungen und Stränge ausschneiden. Nieren in Milch einlegen. Nieren gekühlt 12 bis 24 Stunden in der Milch liegen lassen. Nieren aus der Milch nehmen, abschwemmen und trocken tupfen.

2 Zwiebeln und Knoblauch schälen und in hauchdünne Scheiben schneiden.

3 Nieren in messerrückendicke Blätter schneiden und in Mehl wenden.

4 In einer geräumigen Pfanne einen Schuss Öl erhitzen. Nieren einlegen und bei kräftiger Hitze unter öfterem Wenden kurz und heftig braten. Nieren aus der Pfanne heben.

5 Butter in die Pfanne geben und bis zum Aufschäumen erhitzen. Zwiebelringe und Knoblauchscheiben darin braten.

6 Zwiebel und Knoblauch aus der Pfanne heben. Bratensatz mit einem Schuss Fond oder Suppe ablöschen, Essig zugießen. Flüssigkeit bis zur Konsistenz einer leicht sämigen Sauce einkochen und mit Salz und Pfeffer abschmecken.

7 Nieren und Zwiebeln durch die Sauce ziehen und mit der Sauce auf Teller geben. Alles mit Majoran bestreuen. Als Beilage passen Rösterdäpfel oder Butterreis.

Kalbsstelze mit Schilcherschalotten

Zutaten für 4 Portionen
Zubereitungsdauer ca. 3 Std.

Für die Stelze
1 Kalbsstelze (ca. 3 kg schwer; gut abgelegen)
Salz
Pfeffer
Muskatnuss
1 Vanilleschote
16 Schalotten
Erdnussöl
Butter
2 Gewürznelken
Balsam-Weinessig

Für die Schalotten
1/4 l Schilcher-Wein
1/16 l Schilcher-Weinessig
Zucker
1 Lorbeerblatt
Salz
Pfeffer

1 Backofen auf 250 °C vorheizen. Stelze mit Salz, Pfeffer und geriebener Muskatnuss würzen. Vanilleschote der Länge nach aufschneiden. Schalotten schälen.

2 In einem Schmortopf einen guten Schuss Erdnussöl und 1 EL Butter erhitzen. Vanilleschote, Gewürznelken, Schalotten und Stelze einlegen. Stelze in der Butter-Öl-Mischung wenden, in den Backofen schieben und ca. 1/2 Stunde braten.

3 Einen Schuss Wasser zugießen, Temperatur auf 200 °C reduzieren, Stelze unter öfterem Übergießen braten, bis sich das Fleisch vom Knochen löst (das kann ca. 3 Stunden dauern). Falls erforderlich, Flüssigkeit ergänzen (durch Wasser oder Süßwein). Sobald die Schalotten weich sind, diese aus dem Schmortopf nehmen und für die weitere Verarbeitung bereitstellen.

4 Für das Finish der Schalotten Wein mit Essig, 1 EL Zucker und dem Lorbeerblatt kochen, bis nur noch ca. 1/16 l Flüssigkeit vorhanden ist. Schalotten in dieser Reduktion glacieren, salzen und pfeffern.

5 Stelze und Gewürze aus dem Schmortopf heben. Einen kräftigen Schuss Balsam-Weinessig in den Topf gießen, Flüssigkeit kräftig einkochen und durch Einrühren von Butter binden. Sauce mit Salz und Pfeffer abschmecken.

6 Fleisch portionieren und mit Schalotten anrichten. Als Beilage passt Sellerie- oder Erdäpfelpüree.

TIPPS ZUM STELZENBRATEN

· Beim Einschieben der Stelzen sollte der Backofen sehr heiß sein · Sobald das Fleisch Farbe genommen hat, kann man den Schmortopf zu drei Vierteln zudecken; aber nicht ganz, sonst würde das Fleisch dünsten und nicht braten · Die Stelzen sind fertig, wenn sich das Fleisch leicht vom Knochen lösen lässt · Stelzen nicht zu früh aus dem Ofen nehmen; lieber eine Stunde länger bei reduzierter Temperatur (170 °C) schmurgeln lassen.

Toll,
was feiner Essig
alles kann! Zum Beispiel auch Desserts
auf höchst elegante Art versüßen und versäuern.
Man probiere beispielsweise dieses: Erdbeeren
mit grob gemahlenem schwarzem Pfeffer
bestreuen und mit Balsam-Apfelessig beträufeln.
Marillen überkochen, schälen, entkernen und in einer
Mischung aus Marillen-Essig, Marillennektar, Wasser
und Zucker sanft pochieren, dazu löffelweise Cremejoghurt als
Beilage geben. Hawaii-Ananas in karamellisiertem
Zucker und mit Butter sanft schmurgeln und mit Balsam-
Birnenessig aromatisieren. Oder und nicht zuletzt:
Äpfel nach der alten Art mit Gewürznelken bestecken
und mit Zimt im Backofen braten, bis die Haut auf-
springt. Auf Teller geben, jeden Bratapfel mit einem
Faden XA Balsam-Apfelessig
überziehen; passt zu Panna cotta oder zum
Nussschmarren
als Beilage.

Himbeeren „XA“

Zutaten für 4 Portionen
Zubereitungsdauer ca. 1/4 Std.

400 g bestens ausgereifte Himbeeren
XA Balsam-Apfelessig

1 Himbeeren putzen, waschen und auf Küchenkrepp gut abtropfen lassen bzw. trocken tupfen (oder auch so verwenden, wie von der Natur gegeben).
2 Himbeeren mit den Öffnungen nach oben dicht aneinander in Schale stellen. XA Balsam-Apfelessig mit einer Pipette aufziehen und in die Öffnungen der Himbeeren füllen. Dazu passt Karamell-, Haselnuss- oder Erdnussbuttereis.

Wachteleier im Balsam-Essig*

Zutaten für 8 Portionen
Zubereitungsdauer ca. 1 Woche

32 Wachteleier
reichlich Balsam-Weinessig
Kräuter wie Zitronenmelisse, Estragon und Oregano

1 Wachteleier 10 Minuten kochen, eiskalt abschrecken, schälen und in Gläser geben. Mit so viel Balsam-Weinessig begießen, dass die Eier völlig bedeckt sind. Kräuter dazugeben und die Eier vor dem Genuss im verschlossenen Glas ein paar Tage stehen lassen. Diese Eier halten mehrere Monate lang.

2 Balsam-Wachteleier lassen sich in der guten Küche vielfältig einsetzen. Zum Beispiel

> in Kombination mit Artischocken; dafür kleine Artischocken putzen und in Olivenöl garen, bis sie weich sind. Gemeinsam mit Zitronenscheiben und Kräutern wie Basilikum und Oregano sowie dem Öl vom Kochen in Gläser geben und ein paar Tage ziehen lassen;

> in Kombination mit Räucherforellencreme; dafür Räucherforellen in Stücke zupfen und mit Sauerrahm, einem Spritzer Apfel-Essig, Salz und Pfeffer fein zerdrücken. Gehackte Dille unterheben;

> in Kombination mit Schinkenmus; dafür Beinschinken gemeinsam mit Crème fraîche, Schalotten, einem Hauch Knoblauch und ein wenig gemahlenem Kümmel in einer Küchenmaschine zu einer Creme verarbeiten;

> in einem würzigen Salat; dafür Kräuter wie jungen Löwenzahn, Rucola, Bachkresse, Portulak und Sauerampfer mit Salz, schwarzem Pfeffer, Balsam-Apfelessig und Erdnussöl marinieren;

> und nicht zuletzt mit Gemüsemayonnaise; dafür eine Mayonnaise wie auf Seite 33 beschrieben zubereiten und mit weich gekochtem und würfelig geschnittenem Wurzelgemüse sowie gehackter Petersilie vermischen. Eier in diese Mayonnaise setzen (wer will, gibt Kaviar darauf).

* Mit freundlicher Genehmigung aus dem Buch „Koche lieber leidenschaftlich!“ von Rudolf und Karl Obauer, Restaurant Obauer/Werfen (erschienen im Knaur-Verlag 2008)

MARILLE
HIMBEER
BIER
... ALLES

& BALSAM

IST FÜR SAUCEN RATSAM

Der gewisse Schuss zum Schluss

Sieben Fonds und siebzehn Sorten Essig eröffnen die Chance auf tausend und mehr Saucen, die Genießer glücklich machen. Gewusst wie – und schon sind sie gelungen.

Die Säfte, aus denen beste Saucen werden …

DER AROMATISCHE WURZELGEMÜSEFOND

Ein Fond von großer Nützlichkeit für Gemüse, Fisch und helles Fleisch.

4 Karotten, 1 Knolle Sellerie, 5 Topinamburs, 1 Pastinake, 1 Petersilwurzel, 1 Stück Krenwurzel von ca. 6 cm Länge, 2 Kerbelknollen und 2 Zwiebeln putzen; die Zwiebeln und die Sellerieknolle sollte man schälen, bei den restlichen Wurzeln genügt es, wenn man sie gut bürstet. Wurzeln dickblättrig schneiden, in einen Topf geben und mit so viel Wasser aufgießen, dass sie 5 cm hoch bedeckt sind. 1 EL Zucker, 1 Lorbeerblatt und 3 Wacholderbeeren zugeben. Knapp unter dem Siedepunkt ca. 20 Minuten ziehen lassen. Fond abseihen. 1 EL Tapiokamehl (auch Pfeilwurzelmehl genannt) in wenig Wasser verrühren. So viel davon in den Fond einkochen, dass die Flüssigkeit eine leichte Bindung erhält.

DER DUFTIGE FISCHFOND

Ein edler Saft für feine Gerichte mit Fisch- und Meeresfrüchten.

Die Karkassen (Gräten und Köpfe) von 3 großen Seezungen mit kaltem Wasser abspülen, bis das ablaufende Wasser klar ist. Karkassen in wenig Olivenöl sanft anschwitzen, mit so viel Wasser aufgießen, dass sie bedeckt sind. Sanft köcheln, Schaum abschöpfen. Nach ca. 5 Minuten 1/16 l Wermut und 1/2 l trockenen Weißwein zugießen. 1 Lorbeerblatt und 5 weiße Pfefferkörner zugeben. 20 Minuten köcheln. Fond abseihen.

DER LEICHTE GEFLÜGELFOND

Der vielseitige Fond für Ragouts und Gerichte aus hellem Fleisch.

2 Suppenhühner in Bruststücke und Keulen teilen und in kaltem Wasser ausschwemmen, bis das abfließende Wasser klar ist. Hühnerteile in einen Topf geben, so viel Wasser zugießen, dass sie mit mindestens 5 cm Wasser bedeckt sind. 2 Zwiebeln und eine Knoblauchknolle in der Schale halbieren, 1 Petersilwurzel putzen. Gemüse sowie 1 TL weiße Pfefferkörner, 1 Lorbeerblatt, 2 Gewürznelken und 2 Korianderkörner zugeben. Alles ca. 1 1/2 Stunden bei mäßiger Hitze sieden. Fond abseihen, abkühlen lassen und das Fett abschöpfen.

DER BRAUNE GEFLÜGELFOND

Der dunkle Fond für kräftiges Geflügel, Reh und zartes Rind.

Knochen von 3 Hühnern, 2 Enten oder 6 Tauben grob hacken oder mit der Geflügelschere zerschneiden. 2 Knollen

Knoblauch in der Schale halbieren. Knochen und Knoblauch auf ein Backblech geben, mit einem Schuss Erdnussöl begießen und in den auf 250 °C vorgeheizten Backofen schieben. So lang rösten, bis die Knochen Farbe genommen haben. Alles mit Mehl bestreuen und weitere 10 Minuten rösten. Mit einer Flasche Rotwein aufgießen, in einen Topf geben und so viel Wasser zugießen, dass die Knochen gut bedeckt sind. 2 EL Tomatenmark einrühren, 1 Lorbeerblatt und 1 Messerspitze Korianderkörner zugeben und alles 2 bis 3 Stunden im unbedeckten Topf köcheln (die Flüssigkeit sollte auf die Hälfte der ursprünglichen Menge reduziert werden). Fond durch ein Sieb seihen, Flüssigkeit auf Hälfte einkochen. Fond abkühlen lassen und das Fett abschöpfen.

DER MÄCHTIG-PRÄCHTIGE OCHSENSCHWANZFOND

Ein Kraftsaft, aus dem man die schönsten dunklen Saucen macht.

2 Ochsenschwänze vom Fleischer in Scheiben schneiden lassen; für die Zubereitung des Fonds kann man die preisgünstigeren dünnen Enden nehmen, wenn man Ochsenschwanzragout zubereiten will, sollte man die dicken Teile verwenden. 2 Knoblauchknollen in den Schalen halbieren. 1/2 Sellerieknolle schälen und in Stücke schneiden. 2 Karotten putzen. Ochsenschwanzstücke und Gemüse in ein wenig Schmalz anbraten, in eine große Pfanne oder auf ein Backblech geben und in dem auf 250 °C vorgeheizten Backofen kräftig farbgebend rösten. Mit 1 Flasche gehaltvollem Rotwein ablöschen und alles in einen Topf geben. 1 TL Pfefferkörner, 1 Stück Zimtrinde von ca. 5 cm Länge, 1 dicke Scheibe Hamburgerspeck oder Beinschinken, 1 EL Rosinen und 1/2 EL Salz zugeben. Mit so viel Wasser aufgießen, dass die Ochsenschwanzstücke gut bedeckt sind. Alles bei geringer Hitze ca. 3 Stunden köcheln. Ochsenschwanzstücke aus dem Fond heben und das Fleisch von den Knochen lösen (das Fleisch kann man zu Ochsenschwanzragout verarbeiten oder in eine Form pressen, auskühlen lassen, in Scheiben schneiden und wie Schnitzel panieren). Fond abseihen, auskühlen lassen und das Fett abschöpfen.

DER GELIERENDE SCHWEINSSCHWARTENFOND

Der Fond für würzige Grillgerichte. Er macht auch Saucen aus anderen Fonds voluminöser, sämiger und gehaltvoller.

1 kg Schweinsschwarten und 2 Schweinshaxen (der Länge nach gespalten) sehr gut waschen. 2 große Kartoffeln schälen und vierteln. Schwarten, Haxen und Kartoffeln in einen Topf geben und ca. 4 l Wasser zugießen. Eine Messerspitze Kümmel, eine halbierte (aber nicht geschälte) Knoblauchknolle, 2 Lorbeerblätter und 1 TL schwarze Pfefferkörner zugeben und alles ca. 3 Stunden ganz sanft köcheln lassen. Den Fond abseihen und abkühlen lassen. Fett von der Oberfläche abschöpfen.

DER BEERIGE WILDFOND

Der Stoff für die dunkelsten Seiten der Genusskultur.

2 kg Wildknochen in Stücke hacken lassen. Den Fond wie Ochsenschwanzfond zubereiten, nur zusätzlich ein paar Wacholderbeeren, 1 kleine Handvoll Heidelbeeren, einen Schuss Kräuterlikör und Kräuter wie Gebirgswermut und Thymian mitkochen.

… die Saucen aus besten Fonds und bestem Essig

DIE WEISSE SAUCE

Für Hühnerragout, zu Kalbsbries, hellem Fleisch und Jakobsmuscheln …

1/8 l Wurzelgemüsefond mit 2 EL Crème fraîche und 1 EL Sauerrahm aufkochen. 2 bis 3 EL Butter einmixen. Mit Marillen-Essig aromatisieren, mit Salz und weißem Pfeffer abschmecken.

DIE GELBE SAUCE

Passt zu Muscheln, Scampi, gebratenem Hühnerfilet, Putenbrust und Nudeln mit Gemüse …

1/8 l Wurzelgemüsefond mit einer guten Prise Safranfäden langsam wärmen (nicht kochen, denn dabei würde der Safran weniger Farbe abgeben). Mit einer Prise Cayennepfeffer oder Currypaste würzen, 2 EL Mascarpone einmixen und mit Marillen- oder Quitten-Essig parfümieren. Mit Salz und weißem Pfeffer abschmecken. Eventuell durch Einkochen von in Wasser angerührtem Tapiokamehl leicht binden. Wenn man je zur Hälfte ungesüßte Kokosmilch und Wurzelgemüsefond verwendet und ein wenig Zitronengras mitkocht, erhält man eine feine Sauce für asiatische Gerichte.

DIE LEICHTE FISCHSAUCE

Passt zu Gerichten mit gedämpftem oder sanft gebratenem Fisch und Krustentieren wie Krebs und Scampi.

3 Champignons und 2 Schalotten putzen bzw. schälen und blättrig schneiden. Champignons und Schalotten mit 1/8 l Fischfond, 1/8 l frischem Weißwein wie Welschriesling, Grünem Veltliner oder Gelbem Muskateller und 4 cl trockenem Wermut kochen, bis die Flüssigkeit auf die Hälfte der ursprünglichen Menge reduziert ist. Flüssigkeit durch ein Sieb seihen und durch Einkochen von in Wasser angerührtem Tapiokamehl leicht binden. Mit einem guten Spritzer Veltliner-Weinessig aromatisieren und mit Meersalz abschmecken.

DIE KRÄFTIGE FISCHSAUCE

Passt zu auf der Haut gebratenen und geschmackskräftigen Fischen wie Zander, Karpfen oder Aal.

Wie die „leichte Fischsauce“ zubereiten, jedoch die Champignons und Schalotten mit einer Mischung aus Fisch- und Schwartenfond aufgießen. Nach dem Abseihen 1 EL Crème fraîche einmixen. Die Sauce mit Most-Essig gut säuerlich und mit Meersalz und grob geriebenem schwarzem Pfeffer recht würzig abschmecken.

DIE GRÜNE SAUCE

Passt zu Eigerichten, geräuchertem Fisch und hellem Geflügel oder Fleisch.

Brennnesselspitzen und/oder Sauerampfer ein paar Sekunden in kochendes Salzwasser legen, sofort eiskalt abschrecken und abtropfen lassen. Kräuter zu einem Püree mixen und mit Fischfond und/oder leichtem Hühnerfond erhitzen. Mit weißem Balsam-Essig aromatisieren, mit Meersalz und weißem Pfeffer abschmecken.

DIE HELLE GEFLÜGELSAUCE

Zu leichten Gerichten wie gedämpfter Hühnerbrust, zu Gnocchi mit Gemüse oder Pilzen, zu Ricotta-Ravioli oder zur Veredelung von Blattspinat.

1 Handvoll getrocknete Pilze oder 7 blättrig geschnittene Wiesenchampignons in 1/4 l leichtem Geflügelfond ca. 10 Minu-

ten kochen. 3 EL Mascarpone einmixen. Fond abseihen und falls nötig durch Einmixen von weiterem Mascarpone oder kalter Butter leicht binden. Mit einem guten Spritzer Tomaten-Essig aromatisieren, mit Salz und weißem Pfeffer abschmecken.

DIE DUNKLE GEFLÜGELSAUCE

Zu edlem Geflügel wie Perlhuhn und Wachtel. Passt auch zu Kaninchen, Kalbsleber und zum Reh in leichter Zubereitung. Ein Löffel von diesem Fond macht den Risotto besonders lecker.

5 Schalotten schälen und blättrig schneiden. 1/2 Knolle Knoblauch in der Schale halbieren. Schalotten und Knoblauch in 1 EL Butter mit 1 Schuss Nussöl unter Zugabe von einem Zweig Rosmarin und/ oder Thymian leicht farbgebend rösten. Mit einem guten Schuss Balsam-Apfelessig ablöschen, 1/4 l braunen Geflügelfond zugießen und alles so lang kochen, bis die Flüssigkeit auf zwei Drittel der ursprünglichen Menge eingekocht ist. Fond abseihen und durch Einkochen von kalter Butter oder in Wasser angerührtem Tapiokamehl zur Sauce binden. Mit Salz und Pfeffer abschmecken.

DIE SAUCE FÜRS GROSSE GRILLVERGNÜGEN

Passt zu schnell gebratenem Fleisch von Schwein und Rind ...

1 dl Kirschen-Essig mit 1 EL Balsam-Apfel-Gelee kochen, bis die Flüssigkeit recht dick ist und fast schon karamellisiert. Mit einem Schuss Portwein und 1/4 l Schweinsschwartenfond aufgießen, 1 oder 2 Lakritzbonbons zugeben und so lang köcheln, bis die Flüssigkeit auf die Hälfte der ursprünglichen Menge reduziert ist. Mit Salz und grob gemahlenem schwarzem Pfeffer abschmecken.

DIE DUNKLE SAUCE

Für alles, was stark macht: Rindskoteletts, Steaks, Beiriedschnitte, Rostbraten, ...

1/2 l Rotwein mit je 1/16 l Portwein und Madeira sowie 6 geschälten und blättrig geschnittenen Schalotten und 1/16 l Himbeer-Essig so lang köcheln, bis die Flüssigkeit auf ein Viertel der ursprünglichen Menge reduziert ist. 1/4 l Ochsenschwanzfond zugießen und weitere 10 Minuten köcheln. Flüssigkeit durch ein Sieb seihen, durch Einkochen von kalter Butter leicht binden und mit Salz und grob gemahlenem schwarzem Pfeffer abschmecken.

DIE GANZ DUNKLE SAUCE

Passt zu allen Wildgerichten und besonders gut zu Hirsch, Wildschwein und Feldhase.

1/2 Knolle Sellerie und weiteres Wurzelgemüse putzen, klein schneiden und in 2 EL Butter anschwitzen. 1/2 l schmackhaften Rotwein wie Merlot, Cabernet Sauvignon oder Blauburgunder zugießen und so lang köcheln, bis die Flüssigkeit auf ein Drittel der ursprünglichen Menge eingekocht ist. 1/4 l Wildfond zugießen, je 1 Schuss Kräuterlikör und Himbeer-Essig, 2 EL Himbeer-Essig-Gelee und ein kleines Stück dunkle Schokolade zugeben. Die Flüssigkeit auf die Hälfte der ursprünglichen Menge einkochen. Falls erforderlich, die Sauce durch Einkochen von in Wasser angerührtem Tapiokamehl zusätzlich binden.

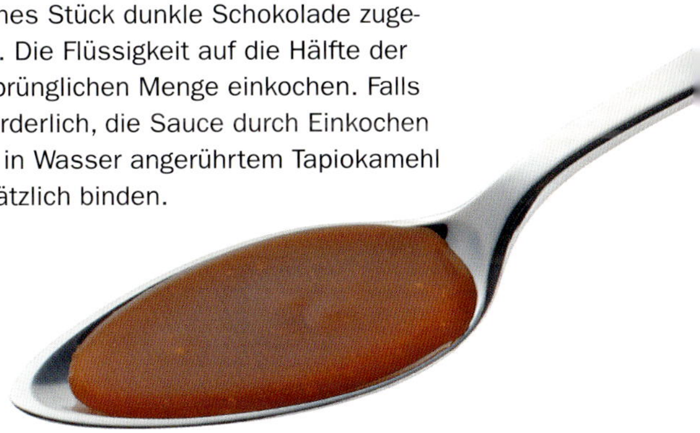

ET MAINTENANT: LA HOLLANDAISE

Der Stoff, der Hollandaisen munter macht

HEISS BEGEHRT, WARM AUFGESCHLAGEN

Hier ist das delikate Rezept für einen Klassiker der Grande Cuisine: Man nehme 250 g Butter und schmelze diese langsam bei geringer Hitze. Man wärme je nach Verwendungszweck der Sauce 1/8 l Wurzelgemüsefond, Fischfond oder leichten Geflügelfond mit einem guten Schuss weißem Balsam-Essig oder Veltliner-Weinessig sowie ein oder zwei Spritzern Tabasco und ein wenig Salz (die Mischung soll gut säuerlich und würzig schmecken). Man schlage zwei Eidotter und den gewürzten Fond mit einem Schneebesen über Wasserdampf so lang, bis die Masse cremig ist, etwa Körpertemperatur hat und am Finger oder Löffel haften bleibt. Man nehme die Rührschüssel vom Dampf und arbeite die geschmolzene (aber keinesfalls mehr heiße) Butter nach und nach in die Eiermasse ein. – Das ist die klassische Begleitung zu Spargel, passt aber auch zu Fisch und hellem Fleisch.

Man variiere: Wenn man in diese Sauce gehackte Kräuter wie Estragon, Petersilie, Kerbel oder Basilikum mischt, erhält man „Sauce béarnaise“. Wenn man reichlich Krenpaste einrührt, erhält man eine „steirische Sauce“, die sehr gut zum gekochten Rindfleisch passt. Wenn man Wasabipaste einrührt, wird die Sauce „japanisch“ und kann in dieser Form gegrillten Thunfisch oder Garnelen veredeln.

WAS DIE FRUCHT IM GLAS LEBENDIG HÄLT

Schwarze Nüsse, Chutneys, Ketchup und saure Schwammerln haben eins gemeinsam: Sie sind mit Essig eingelegt oder eingekocht. Was gleich mehrfach günstig ist: Es macht sie lange haltbar, weil der Essig konserviert, und angenehm am Gaumen, weil der Essig die feinsten Geschmacksnuancen aus dem Gemüse und den Früchten kitzelt.

Kurz gesagt macht Essig im Einsiedeglas dreierlei: „Er konserviert, er intensiviert die Farben und er schafft Geschmacksharmonie." Das sagt einer, der es wissen muss. Der Riegersburger Hans-Peter Fink, seines Zeichens Spitzenkoch und gemeinsam mit Ehefrau Bettina Mastermind der echt steirischen Delikatessen der Marke Fink's. Von *Schilcherschalotten* über *Steinpilze in Apfel-Essig* bis zu *Hollermandl* wird hier Erlesenes produziert, und die Hochwertigkeit der verwendeten Zutaten ist dabei ebenso Gesetz wie einfach logisch. Getreu dem Motto: „Wenn man nichts Gutes hineintut, kann nichts Gutes herauskommen."

Logischerweise ist im Laufe der Jahre eine enge Kooperation zwischen Fink's und der Essigmanufaktur Gölles entstanden. Hans-Peter Fink: „Billiger Essig zahlt sich nicht aus, denn gerade beim Eingekochten macht die Qualität des Essigs den entscheidenden Unterschied."

Als Konservierungsmittel für Einkochgut wird Essig seit jeher eingesetzt. Sein Säuregehalt – fünf bis sieben Prozent Essigsäure sind für die konservierende Wirkung richtig – verhindert die Entwicklung von Bakterien. Die Säure löst zudem auch die in Gemüse und Früchten enthaltenen Farbstoffe und aktiviert sie – grüne Paprika werden grüner, rote Tomaten roter, gelbe Eierschwammerln gelber. Aber der Essig erfreut nicht nur das Auge, er macht auch einen großen Unterschied am Gaumen. „Man denke nur an das Gulasch. Was wäre denn das ohne den Schuss Essig?", sagt Hans-Peter Fink.

Essig bewirkt, dass sich die Aromen einzelner Inhaltsstoffe harmonisch verbinden. Und je mehr Zeit man dieser Verbindung gewähren kann, desto besser. Essiggemüse und Essigfrüchte haben – weil ja konserviert – besonders viel Zeit, um schöne Geschmacksverbindungen zu entwickeln. Mindestens sechs Monate sollten sie im Glas ruhen, bevor man zum Genuss schreitet, es darf aber ruhig auch ein Jahr sein. Und weil sich die Essigsäure bei der Verbindung mit dem Fruchtzucker im Verlauf der Reifung abbaut, gilt für das Abschmecken beim Einkochen eine goldene Regel: Lieber ein bisschen zu sauer als zu wenig vom guten Essig.

EINGELEGTE EIER-SCHWAMMERLN

2 kg kleine Eierschwammerln putzen, ca. 20 Sekunden überkochen, abseihen und

abtropfen lassen. 3 Schalotten und 3 Knoblauchzehen schälen und feinblättrig schneiden. 1 l Apfel-Essig mit 2 l Wasser, Schalotten und Knoblauch, 2 kleinen Lorbeerblättern, 1 TL Pfefferkörnern und ein paar Wacholderbeeren aufkochen. Schwammerln einlegen, Topf zudecken und vom Herd nehmen. Schwammerln abgießen, Sud nochmals aufkochen, Schwammerln erneut einlegen und den Sud abkühlen lassen. Schwammerln in Gläser füllen, Sud aufkochen und auf die Schwammerln gießen. Vor dem Genuss ein paar Tage ziehen lassen.

KÜRBIS-KOMPOTT MIT INGWER

Ein daumengroßes Stück Ingwer schälen und in feine Scheiben schneiden. 500 g Moschus- oder Muskatkürbis schneiden, entkernen und schälen. Fruchtfleisch kleinwürfelig schneiden und mit Ingwer, 100 g Rohrzucker, 1/4 l Weißwein, 1/4 l Apfelsaft, einigen Gewürznelken und Safranfäden einmal aufkochen lassen. Am Schluss 6 cl Balsam-Apfelessig unterrühren. Gewürznelken entfernen, Kompott kalt stellen und eiskalt servieren. Dieses Kompott ergibt in Verbindung mit Nuss- oder Vanilleeis ein wunderbar fruchtiges Dessert.

SCHWARZE NÜSSE

Schwarze Nüsse zählen zu den großen Köstlichkeiten unter den Einkochfrüchten. Sie werden von manchen besonders engagierten Delikatessen-Erzeugern wie Fink's angeboten, man kann sie jedoch bei entsprechender Liebe zum Metier auch selbst herstellen. Erstens benötigt man dazu Walnüsse, die im Juni noch unreif geerntet und sofort verarbeitet werden. Die Nüsse dürfen auch in ihrem Innersten noch nicht verholzt sein, was man per Nadelstich überprüfen kann: Lässt sich ein Spießchen oder eine kräftige Nadel ohne großen Widerstand durch die Nuss stechen, so ist diese noch jung genug für die Veredelung zur schwarzen Nuss. Junge Nüsse wie diese ausgiebig wässern; 8 bis 10 Tage ist gerade richtig, das Wasser muss jeden Tag gewechselt werden. Nüsse abtrocknen und in Läuterzucker (das ist ein aus Wasser und Zucker im Gewichtsverhältnis 1:1 gekochter Sirup) mit einem guten Schuss Zwetschken-Essig, ein paar schwarzen Pfefferkörnern, einem Stück Zimtrinde sowie Gewürzen wie Korianderkörnern, Kardamom, Anis oder Fenchelsamen ca. 15 Minuten kochen. Nüsse heiß in Gläser füllen und mindestens drei Monate reifen lassen. Diese Nüsse schmecken herb und vollaromatisch und passen wunderbar zu Käse, Pasteten, Wild, Braten und Desserts. Zum Beispiel in dieser Art: Schwarze Nüsse in hauchdünnen Scheiben auf Vanilleeis hobeln (am besten

mit einem Trüffelhobel) und mit XA Balsam-Apfelessig beträufeln.

BEST OF KETCHUP

1 kg Tomaten in Stücke schneiden. 1 große Zwiebel schälen und hacken. 2 Knoblauchzehen schälen und blättrig schneiden. Tomaten, Zwiebel, Knoblauch, 1 EL braunen Zucker, je 1 TL Salz, Piment-, Pfeffer- und Korianderkörner, 150 ml Tomaten-Essig, 4 Gewürznelken, 1 Stück Zimtrinde von ca. 3 cm Länge und 1 Lorbeerblatt in einen Topf geben und die Masse zugedeckt etwa 30 Minuten köcheln lassen. Zimtrinde sowie Lorbeerblatt entfernen und die Tomaten-Masse durch ein Sieb streichen. Unter ständigem Rühren so lang leise kochen, bis die Masse die für ein Ketchup typische Konsistenz angenommen hat. In kochend-heiß ausgespülte Einmachgläser oder Flaschen füllen.

MARILLEN-CHUTNEY

30 g Ingwer in hauchdünne Scheiben schneiden.
1 Chilischote in feine Ringe schneiden. Schalotten, Ingwer, Chili, 200 g Rosinen, 200 g Zucker, 1 Stück Zimtrinde (ca. 4 cm lang), 1/2 TL Salz und 1/4 l Marillen- oder Himbeer-Essig in einen Topf geben, einmal aufkochen und ca. 20 Minuten im zugedeckten Topf bei geringer Hitze köcheln. Nach ca. 10 Minuten die dünn abgehobene Schale von 1 Zitrone (mit unbehandelter Schale) mitkochen. Ingwer, Zimtrinde und Zitronenschale entfernen. Während die Schalotten köcheln, ca. 1,3 kg Marillen überkochen, eiskalt abschrecken, schälen, entkernen und pürieren oder zerdrücken (je nach Reifezustand). Marillen in den Essig-Schalotten-Ansatz geben und bei halb bedecktem Topf köcheln, bis die Flüssigkeit weitestgehend verdampft ist (das kann bis zu 1 Stunde dauern). Chutney mit Zitronensaft abschmecken und noch heiß in kochendheiß ausgespülte Gläser füllen.

WURZEL-GEMÜSE-APFEL-CHUTNEY

600 g Äpfel entkernen und würfelig schneiden. Je 100 g Karotten, Gelbe Rüben und Sellerie schälen und raspeln. 80 g kandierten Ingwer hacken. Äpfel, Gemüse,

... MACHT PARADEISER ROTER UND EIERSCHWAMMERLN GELBER

Ingwer, 1 Sternanis, 1/2 TL Anissamen, eine Prise Salz und 200 ml Orangensaft in einen Topf geben und ca. 20 Minuten köcheln. 50 g frisch gerissenen Kren und 400 g Gelierzucker (1:3) einrühren und nochmals 5 Minuten köcheln. 100 ml Apfel-Essig und den Saft einer Zitrone einrühren und das Chutney noch heiß in Gläser füllen.

RHABARBER-KREN-CHUTNEY

500 g Äpfel entkernen und kleinwürfelig schneiden. 50 g kandierten Ingwer hacken. 500 g Rhabarber schälen und kleinwürfelig schneiden. Rosmarin hacken (man benötigt davon ca. 1 TL voll). 200 g Himbeeren pürieren. 200 g braunen Zucker in einen Topf geben und bis zum leichten Karamellisieren erhitzen. Ingwer und Äpfel zugeben und köcheln, bis die Masse fast trocken ist (dauert ca. 15 Minuten). Pürierte Himbeeren und 1 TL Senfkörner einrühren und weitere 10 Minuten köcheln lassen. Rhabarber, 200 g Gelierzucker (1:3), gehackten Rosmarin, 1 Stück langem Pfeffer (ersatzweise 1/2 TL grob gemahlenen schwarzen Pfeffer), 1/2 TL Salz und eine Prise Anissamen zugeben und alles weitere 10 Minuten köcheln. Zuletzt 2 EL frisch gerissenen Kren und 1/6 l Apfel-Essig einrühren. Masse heiß in Gläser füllen.

PAPRIKA-TOMATEN-CHUTNEY

300 g vollreife Tomaten in Stücke schneiden. 50 g kandierten Ingwer hacken. 500 g rote und gelbe Paprika putzen, waschen und in möglichst kleine Würfel schneiden. Tomaten, Ingwer, 1/2 TL Salz und 1/4 l Apfelsaft ca. 10 Minuten kochen. Masse pürieren (am besten durch die mittlere Scheibe der Flotten Lotte drehen). Paprikawürfel sowie 1 TL Senfkörner, 1/2 TL fein gehackten Rosmarin, 1 Lorbeerblatt, 1 Sternanis und 250 g Gelierzucker (1:3) zur Tomatensauce geben und alles weitere 10 Minuten kochen. 60 g frisch gerissenen Kren und 1/16 l Tomaten-Essig einrühren. Das Chutney heiß in Gläser füllen.

SAURE ZWETSCHKEN

2 kg gut gereifte Zwetschken waschen, halbieren und entkernen. 1 l Zwetschken-Essig mit 200 g Zucker und den Zwetschken verrühren. Die Zwetschken einen

Tag marinieren. Sud abießen und mit 2 Gewürznelken, 1 Sternanis, einer Prise Piment, weiteren 200 g Zucker und 1/2 l Zwetschken-Essig kochen, bis die Flüssigkeit auf die Hälfte der ursprünglichen Menge reduziert ist. Zwetschken in Gläser verteilen, mit kochend heißem Sud übergießen, dass die Zwetschken bedeckt sind. Gläser verschließen und im Wasserbad im Backofen bei 200 °C 30 Minuten sterilisieren.

MARMELADE MIT TROPENFRÜCHTEN

Hawaii-Ananas, grüne Äpfel und exotische Früchte wie Mango, Papaya oder Maracuja schälen, putzen, entkernen und in gleich große Stücke schneiden (Ananas, Äpfel und exotische Früchte sollten ungefähr von gleichem Gewicht sein). Auf 600 g geschnittene Früchte 40 g Kokosraspeln und 250 g Gelierzucker (1:3) geben und diese Masse ein paar Minuten köcheln (die Äpfel sollten dabei weich werden). Einen guten Schuss exotischen Likör wie Batida de Coco oder Curaçao zugießen und 1/16 l Quitten-Essig einrühren. Heiß in Gläser füllen.

SANDDORN-KOMPOTT

Sanddornbeeren von den Zweigen rebeln (das geht leichter, wenn man den Sanddorn zuvor einfriert). 1 kg Zucker mit 1/8 l Wasser kochen, bis der Zucker sirupartig vom Löffel fließt (85 Zuckergrade). Sanddorn mit dem Sirup verrühren, kurz aufkochen, einen Schuss Quitten-Essig einrühren und das Sanddorn-Kompott heiß in Gläser füllen. Gläser verschließen, auf den Deckel stellen und abkühlen lassen. Passt vorzüglich zu Wildgerichten, zu Vanilleeis oder auch in den Aperitif: Ein wenig Sanddorn-Kompott in ein Glas geben und mit Champagner oder Sekt aufgießen.

Gelee juchee!

Was den Käseteller adelt, Saucen zu feinster Fruchtigkeit und angenehmster Sämigkeit verhilft und hinter die Herzhaftigkeit von Würsten und Schinken den schmelzend-weichen Kontrapunkt setzt, ist in drei Sorten verfügbar: Essig-Gelee aus der Manufaktur Gölles.

Gelee hat nicht nur verlockend süße Seiten, es vermag auch durch pikante Fruchtigkeit die Genießer zu erfreuen. Wobei auch in diesem Fall wie so oft in der Feinschmeckerei der besondere Reiz in der Verbindung verschiedener Geschmackseindrücke zu einem großen Ganzen liegt. Süß-säuerliche Gelees machen daher besondere Freude, wenn sie gemeinsam mit pfeffrig-würzigen, geräucherten und salzigen Delikatessen eingenommen werden, also gut gereiftem Käse, Schinken oder Würsten.

Je würziger der Käse oder der Schinken, desto süßer und kräftiger darf seine Begleitung sein. Daher passen eingelegte Früchte, Chutneys oder süße Weine so gut zu luftgetrocknetem Fleisch und Geräuchertem, zu altem Parmesan und Grana, zu gereiftem Gouda, zu Roquefort oder Gorgonzola und zu dem ganzen Spektrum an harten und würzigen Ziegenkäsesorten.

Genau dafür wurden auch die Essig-Gelees von Alois Gölles entwickelt, die in drei attraktiven Sorten verfügbar sind: einem höchst eleganten Gelee vom Balsam-Apfelessig, dem duftigen Himbeer-Gelee und dem mild-herben Gelee mit Quitten-Essig. Der kulinarische Reiz dieser Kompositionen ergibt sich aus dem Zusammenspiel von betörend süßer Fruchtigkeit und der Lebendigkeit des Essigs. Nur Frucht – das wäre langweilig. Nur Essig wäre selbst im Fall der harmonisch-runden Balsam-Essige doch ein wenig sauer. Wenn jedoch frisch gepresster Fruchtsaft mit einer wohlausgewogenen Gabe vom gleichfruchtigen Essig vermählt und mit Pektin auf die passende Konsistenz geliert wird, ergibt das einen ganz einzigartigen kulinarischen Effekt – wesentlich vielschichtiger als die üblichen Weingelees, die häufig vom Alkohol geprägt sind, und wesentlich raffinierter als die diversen Fruchtsenf-Spezialitäten, die zur Bereicherung von würzigem Käse auch sehr gern genommen werden.

Apropos Konsistenz! Wer Gelee nur in schnittfester Form à la Süßwaren-Regal kennt, der wird von den Essig-Gelees angenehm überrascht sein. Die Gelees sind nämlich löffelweich gehalten, sodass sie am Gaumen unverzüglich schmelzen und auch in ihrer Textur eine reizvolle Ergänzung und einen Gegensatz zu gereiftem Hart- oder Blauschimmelkäse und zu Würsten, Schinken oder Pasteten bieten.

Wer die Essig-Gelees nicht gleich nach dem bis hierher beschriebenen Zweck vernascht, wird noch auf weitere köstliche Ideen kommen. Zum Beispiel, sie statt der konventionellen Kompottfrüchte oder Konfitüren zu Wildgerichten zu geben oder sie in geschmackskräftige Saucen zu rühren. Mit mehrfachem Erfolg: Die Saucen gewinnen an eleganter Fruchtigkeit und angenehmer Bindung – ganz ohne Stärkemehl und/oder Butter.

DAS ELEGANTE BALSAM-APFEL-GELEE

Eine Kreation aus steirischem Apfelsaft und wertvollem Balsam-Apfelessig. Dieses Gelee ist sehr vielseitig verwendbar und empfiehlt sich beispielsweise als pikante Beilage zu geschmortem Chicorée. Balsam-Apfel-Gelee eignet sich zur Verfeinerung von dunklen Saucen, zur Bindung von Rotweinreduktionen und ist eine perfekte Beilage zu Ziegenkäse, Parmesan oder gereiftem Gouda.

DAS DUFTIGE HIMBEER-GELEE

Aus frischer Frucht und kostbarem Himbeer-Essig zubereitet. Passt zu Mozzarella, eingelegtem Gemüse und zu Meeresfrüchten. Fruchtsalate bereichert dieses Gelee um eine erfrischend süß-säuerliche Note, und gemeinsam mit Desserts aus dunkler Schokolade – wie zum Beispiel Brownies oder Mousse au Chocolat – verleiht es jedem Menü einen extravaganten Schluss. Besonders delikat zu Blauschimmelkäse.

DAS MILD-HERBE QUITTEN-GELEE

Dieses Gelee wird aus bestens gereiften Apfelquitten und rarem Quitten-Essig komponiert. Es passt beispielsweise zu Schwarzwurzelsalat, luftgetrocknetem Schinken, Speck und geräucherter Entenbrust, zu Leberpasteten und Fleischaufstrichen und zu Wildgerichten wie gebratenen Rehmedaillons oder Hirschragout. Quitten-Gelee macht auch besondere Freude, wenn es als Begleitung von gereiftem Hartkäse serviert wird.

GORGONZOLA, GRANA, GOUDA, ... @ GÖLLES GOURMET-GELEE

Das Alphabet mit Säurespiel

Wissenswertes aus allen Bereichen der essigsauren Genusskultur. Von A wie Aperitif (der bekömmliche) bis Z wie Zusatzstoff (der im guten Essig keine Rolle spielen sollte).

Aceto Balsamico di Modena Zumeist eine Mischung aus Traubensaftkonzentrat, Essig, Farbstoff und gegebenenfalls auch Schwefel als –> Antioxidans. Die individuelle Zusammensetzung des Produkts ist der am Etikett abgedruckten Liste der –> Zutaten zu entnehmen. Per Gesetz muss der Erzeuger von Aceto Balsamico di Modena seine Produktionsstätte im Gebiet um Modena angesiedelt haben, die Herkunft der verwendeten Rohstoffe ist jedoch nicht geregelt.

Aceto Balsamico Tradizionale Eine geschützte Bezeichnung für qualitativ hochwertige Essige. Die Herstellung unterliegt genauen Richtlinien, es besteht eine strenge Qualitätskontrolle. Aceto Balsamico Tradizionale wird aus dick eingekochtem Traubenmost (hauptsächlich der Rebsorte Trebbiano) durch partielle Essigsäuregärung gewonnen. Die lange Lagerung ist ein weiteres typisches Merkmal dieser Essiggattung. Durchschnittlich sollen Tradizionale-Essige 12 Jahre in der –> Batteria liegen, bei Essigen der Qualitätsstufe „Extra Vecchio" sind 24 Jahre Lagerung vorgesehen. Aceto Balsamico Tradizionale wird in und um Modena und in der Reggio Emilia erzeugt.

Acetobacter Eine Bakteriengattung. Sie zeichnet sich durch die Eigenschaft aus, dass sie unter Lufteinfluss Alkohol in –> Essigsäure umwandeln kann. Man kennt auch andere Bakterien, die die Verwandlung von Alkohol in –> Essigsäure schaffen. Aber sämtliche Arten der Acetobacter-Gattung verfügen über diese charakteristische und namensgebende Fähigkeit.

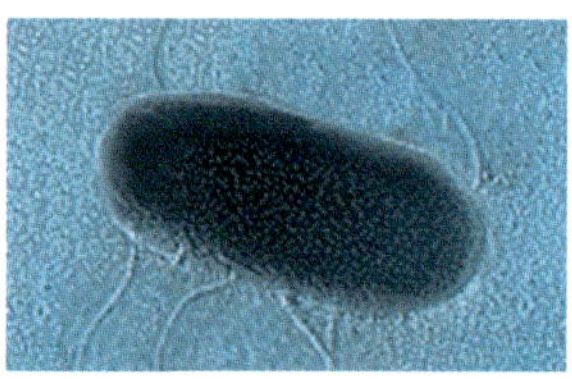

Acetobacter, das essigsäuernde Bakterium

Antioxidans Als Antioxidans wird bei der Essigerzeugung Schwefeldioxid verwendet. Dieses wirkt konservierend und verbessert die Haltbarkeit des Essigs. Im Hause Gölles wird bewusst auf eine Schwefelung verzichtet.

Aperitifessig, Trinkessig Für Aperitif- oder Trinkessig wird guter Essig üblicherweise im Verhältnis 1:1 mit Wasser oder Fruchtsaft verdünnt. Aperitif- oder Trinkessig dient als Appetitanreger oder zur Erfrischung zwischen den Gängen eines Menüs. Siehe auch –> Apfelessig-Trunk und –> Saure Würze.

Apfelessig-Trunk Mineralwasser mit 2 bis 4 % Apfel-Essig. Wird als besonders belebend empfunden.

Aromatisierte Essige Wie auch bei anderen Genussmitteln ist bei den Essigen zwischen solchen zu unterscheiden, die ausschließlich aus den namensgebenden Früchten erzeugt wurden, und solchen, denen Aromastoffe zugesetzt wurden. Diese zugesetzten Aromen können „natürliche Aromen" sein, wobei die Bezeichnung aber nicht bedeutet, dass die Aromen in den Früchten oder Gewürzen vorkommen, nach denen sie mehr oder weniger gut schmecken. „Natürlich" heißt in den meisten Fällen lediglich, dass die Aromen mit „natürlichen Methoden" nachgebaut wurden. „Aromatisierter Himbeer-Essig" ist deshalb kein Essig, dessen Aroma ausschließlich aus natürlichen Himbeeren stammt. Nicht aromatisierter Himbeer-Essig ist hingegen ein reines Naturprodukt.

Balsam Eine duftende, zähflüssige Substanz, die aus Harzen mit ätherischen Ölen besteht. Über einen vergleichbar angenehmen Duft wie Balsam verfügen auch lang gereifte Essige, die aus eingekochtem Most gewonnen werden und die man wegen ihrer olfaktorischen

Balsam: Duftharz aus dem Baum

Qualitäten und ihrer Dickflüssigkeit –> Balsam- oder Balsamico-Essige nennt. „Balsamella" hingegen hat mit dem Duft des Balsamicos nichts zu tun, sondern ist die italienische Ausführung von Béchamelsauce.

Balsam-Apfelessig Eine Entwicklung von Alois Gölles. Die Manufaktur Gölles war im Zeitraum von 1984 bis 1999 auch weltweit der einzige Hersteller dieses speziellen Essigs, in dem sich die Aromafülle des Apfels mit fein ziselierter Säure verbindet.

Balsam-Essig Abgeleitet vom italienischen Aceto Balsamico, der in Fässern reift und ursprünglich ausschließlich aus Traubensaft hergestellt wurde. Seit 1984 gibt es –> Balsam-Apfelessig und mittlerweile auch Balsam-Essige aus anderen Früchten.

Batteria, Batterie Einheit von mindestens drei, häufig aber sieben oder noch mehr Fässern, in denen –> Balsam- oder Balsamico-Essig reift. Dabei wird der junge Essig jeweils in das größte Fass gelegt, auf Flaschen gefüllt wird Essig stets nur vom kleinsten Fass. Die Umschichtung der Essige erfolgt üblicherweise im Jahresrhythmus. Wegen der verschiedenen Größe der Fässer wird immer nur ein Teil ihres Inhalts in das nächstkleinere Fass weitergereicht, sodass in jedem Fass Essig verschiedenen Alters liegt. Die Fässer der Batterie sind meist aus verschiedenem –> Holz gefertigt,

Batteria im Italienischen, Batterie im Steirischen – jedenfalls die Geburtsstätte wertvoller Balsamico- oder Balsam-Essige

um ein besonders vielschichtiges Geschmacksbild zu erlangen.

Biologisches Gärverfahren Das übliche Verfahren, mit dem Essig hergestellt wird. Die Auslobung des biologischen Gärverfahrens auf dem Essigetikett ist kein Hinweis auf Qualität. Ein derartiger Vermerk kann lediglich als Indiz dafür gesehen werden, dass über den betreffenden Essig nicht mehr zu sagen ist, als dass er wie Essig hergestellt wurde. Man findet den Hinweis „Biologisches Gärverfahren" daher überwiegend auf den billigen Produkten.

Branntwein-Essig Branntwein-Essig oder auch Tafelessig wird aus 96%igem Äthylalkohol gewonnen. Da der hochgereinigte Alkohol frei von allen qualitätsgebenden Inhaltsstoffen ist, enthält der daraus im –> biologischen Gärverfahren gewonnene Branntwein- oder Tafelessig lediglich Wasser und –> Essigsäure. Dieser Essig ist geschmacksneutral und liefert nicht mehr als aggressive Säure.

Condimento. Eine Würze, die über weniger Säure als Essig verfügt. Essig muss laut Lebensmittel-Codex einen Säuregehalt von mindestens 5% aufweisen. Erreicht ein Essig diese Säure nicht oder wird er durch Zugabe von Wasser auf einen geringeren Säuregehalt gesetzt, so kommt er häufig als Condimento oder –> Saure Würze in den Handel.

Dressing. Die Bekleidung von Salat, bei der Essig in den meisten Fällen die entscheidende Rolle spielt. Durch eine individuelle Wahl der Öl- und Essigsorten lässt sich der Charakter verschiedener Salate unterstreichen: Intensive Wein- und Mostessige passen zu knackigen Blattsalaten, duftige Frucht-Essige zu feinen Sommersalaten mit Kräutern. Für die Zubereitung von Dressings gilt:

- Gewürze mit dem Essig verrühren, bevor das Öl zugegeben wird – nur so verbinden sich alle Zutaten des Dressings optimal.
- Salat gut mit dem Dressing vermischen.
- Nur so viel Dressing zubereiten, wie der Salat voraussichtlich aufnehmen kann – denn gutes Öl und edler Essig sind kostbare Zutaten der guten Küche.

Einlege-Essig Zumeist eine Mischung aus billigem –> Branntwein-Essig mit Zucker oder künstlichen Süßstoffen und weiteren Aromastoffen. Für das Einlegen hochwertiger Produkte sind nicht aromatisierte Wein- oder Obst-Essige jedem Einlege-, –> Gewürz- oder –> Kräuter-Essig vorzuziehen.

Essig Nach Salz das am häufigsten verwendete Würzmittel in der Küche. Er wird im Wege einer zweifachen biologischen Gärung gewonnen, indem in einem ersten Prozess Zucker in Alkohol umgewandelt wird und im zweiten Schritt – der essigsauren Gärung – mithilfe von –> Acetobacter der Alkohol zu –> Essigsäure wird.

Essigbakterien Siehe Acetobacter.

Essigessenz Ein Gemisch aus Wasser und (üblicherweise 25%) –> Essigsäure. Dieser hoch konzentrierte Stoff ist eigentlich für Reinigungszwecke gedacht, wird aber auch dazu benutzt, um auf billige Weise durch Verdünnung und allenfalls Aromatisierung eine essigähnliche Substanz für die Küche anzurühren. Essigessenz ist ein kulinarisch minderwertiger Stoff.

Essigmutter Eine Kolonie von –> Acetobacter-Bakterien. Sie bildet sich an der Oberfläche der zur Essiggärung vorgesehenen Flüssigkeit und sinkt unter Verrichtung der beim Stichwort –> Acetobacter beschriebenen Dienste zu Boden. Essigmutter kann sich in Essigflaschen auch nach abgeschlossenem Gärprozess bilden, und das mehrfach. Essigmutter, die als Schlieren im Essig oder am Boden von Essigflaschen erkennbar wird, kann einfach abgeseiht werden. Der Essig ist weiterhin verwendbar.

Essigsäure Der Stoff mit der Formel CH_3-COOH und

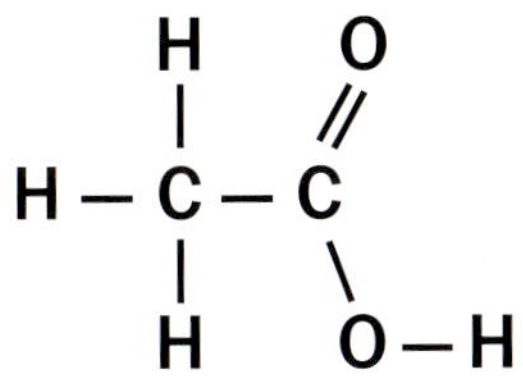

dem wissenschaftlichen Namen acidum aceticum. Wird auch Ethansäure genannt und ist eine - farblose, ätzende, typisch nach Essig riechende Flüssigkeit. Essigsäure kommt im Saft vieler Pflanzen, im Schweiß und in der Muskelflüssigkeit von Menschen und Tieren vor. Essigsäure kann – wie bei der Lebensmittelerzeugung üblich – im –> biologischen Gärverfahren gewonnen oder industriell durch eine katalytische Umsetzung von Methanol mit Kohlenmonoxid oder Oxidation von Acetaldehyd erzeugt werden.

Frucht-Essig, angesetzter Ein nach einem recht simplen Verfahren erzeugter Essig von begrenztem kulinarischem Reiz. Angesetzter Fruchtessig entsteht durch Vermischen von Fruchtsäften oder Aromen mit billigem –> Branntwein-Essig. Dabei werden zwar die Geschmacksstoffe der Früchte ausgelaugt, die eindimensionale Schärfe des Branntwein-Essigs bleibt jedoch erhalten, sodass angesetzte Frucht-Essige keinen hohen Ansprüchen genügen können.

Frucht-Essig, echter Wird ausschließlich durch Vergärung von Früchten

zum jeweiligen Fruchtwein und anschließender Essigsäuregärung gewonnen. Das Resultat ist große Fruchtigkeit mit feiner Säure in eleganter Verbindung.

Gärungsessig Siehe Biologisches Gärverfahren.

Gesundheit Dem Essig und ganz besonders dem Apfel-Essig werden gesundheitsfördernde Eigenschaften zugeschrieben. Bereits Hippokrates riet dazu, Wunden mit Essig zu desinfizieren und mit essiggetränkten Stoffen zu verbinden. Essig wird auch als stoffwechselanregend, blutdrucksenkend und durchfalllindernd empfohlen und als probates Mittel dafür verstanden, um per Einreibung Blutergüsse rascher zum Verschwinden zu bringen. Essigwickel oder Essigumschläge betrachtet man von Alters her als fiebersenkend, mit essigsaurer Tonerde werden Prellungen und Verstauchungen behandelt.

Gesund wie gewachsen und gesund in der veredelten Form des Essigs: der Apfel

Gewürz-Essig Dafür werden Gewürze zumeist mit billigem –> Branntwein-Essig angesetzt, um deren Aromen auszulaugen und den seiner Natur nach nur scharfen Branntwein-Essig kulinarisch „interessant" zu machen. Die Würzung des Branntwein Essigs ändert freilich nichts an dessen fragwürdigem Grundcharakter. Das gleiche Verfahren wird auch unter Verwendung von Kräutern angewandt, wodurch ein ebenso simpler „Kräuter-Essig" entsteht.

Glasse Eine viskose Sauce mit zumeist 2 bis 3% Essigsäure und Zutaten wie Xanthan, modifizierter Stärke, Glukosesirup, Dextrose und/oder Aromastoffen. Wird als Dressing oder zum Verzieren von Tellern verwendet.

Haltbarkeit Wegen der konservierenden Wirkung der Essigsäure ist Essig in verschlossenen Flaschen so gut wie unbegrenzt haltbar. In angebrochenen Flaschen behält der Essig seine Qualität selbst bei Raumtemperatur über viele Wochen. Lediglich Frucht-Essige, von denen wenig verbraucht wird, stellen gewisse Ansprüche an die –> Lagerung. Wenn sich nach einiger Zeit in der Essigflasche ein leichter Bodensatz bildet, so ist das kein Zeichen für Qualitätsverlust, sondern für die Naturbelassenheit eines extraktreichen Essigs. Auch die Bildung von –> Essigmutter ist kein Grund, den Essig wegzugeben.

Hesperiden-Essig Da sich aus Hesperiden – den „Töchtern der Nacht" – kein Essig gewinnen lässt, handelt es sich beim Hesperiden-Essig um keine Essigsorte, sondern um einen von den Gestalten der griechischen Mythologie inspirierten Markennamen. Hesperiden-Essig besteht aus –> Branntwein-Essig, Wein-Essig und 4 % Apfelsaft.

Holz Wie bei der Weinerzeugung nimmt auch beim Ausbau von Essig die Holzart des Fasses Einfluss auf das Geschmacksbild des Endprodukts. Von besonderer Bedeutung ist das bei lang gelagerten Essigen wie –> Balsam-Apfelessig oder –> Aceto Balsamico Tradizionale. –> Batterien werden deshalb üblicherweise aus Fässern von verschiedenem Holz hergestellt, wobei Eichenholz dem Essig eine herbe Note verleiht, Kirsche einen süßlichen Ton ins Geschmacksensemble bringt, Akazie und Esche feinherb wirken und Wacholderholz Würze gibt.

Konservieren Vom Lateinischen conservare: erhalten. Neben Verfahren wie Trocknen, Räuchern, Einsalzen, Einzuckern oder Einsäuern per Milchsäuregärung ist das Einlegen in Essig eine besonders bewährte und historisch bis ins siebente vorchristliche Jahrtausend nachgewiesene Methode (siehe auch den Beitrag ab Seite 6 in diesem Buch), um Lebensmittel haltbar zu machen.

Kräuter-Essig Siehe Einlege-Essig.

Lagerung Essig soll wie Wein liegend gelagert werden. Apfel-Essig und Wein-Essig wird im Verlauf der Lagerung milder und feiner. Bei Balsam-Essigen ist die lange Lagerung ein wesentliches Kriterium für die Qualität. Frucht-Essige verlieren mit zunehmender Lagerung an Aroma und sollen deshalb innerhalb von zwei Jahren nach der Herstellung aufgebraucht werden. Eine Lagerung im Kühlschrank kann den Prozess des Aromaabbaus verlangsamen.

Malz-Essig Wird durch Vergären gemälzter Gerste gewonnen und ist vor allem in Großbritannien verbreitet.

Natürliche Aromen
Die Aromatisierung von Lebensmitteln ist wahrscheinlich die größte kulinarische Plage des 21. Jahrhunderts. Sie verfälscht den ursprünglichen Geschmack und verbildet die Geschmacksnerven. Natürliche Aromen wurden früher in zwei

Das Holz der Fässer gibt lang gereiften Balsam-Essigen zusätzliche Geschmacksnuancen

Grundnahrungsmittel in Asien und Grundstoff für typisch fernöstlichen Essig: der Reis

Kategorien geteilt: in „natürliche", die aus der namensgebenden Frucht stammen, und in „naturidentische", die mit natürlichen Mitteln der namensgebenden Frucht nachgebaut werden, aber keinen Bezug zu dieser haben. Gemäß aktueller EU-Gesetzgebung ist eine Unterscheidung nicht notwendig. Es dürfen daher beide Gattungen als „natürliche Aromen" bezeichnet werden. Dies führt dazu, dass nahezu alle als „natürliche Aromen" bezeichneten Geschmackszusätze Nachbauten sind und die Bezeichnung daher irreführend ist. Die extremsten Beispiele für die Verzerrung des natürlichen Geschmacks sind bizarr fruchtige Speiseeis-, Limonaden- und Joghurtprodukte sowie als fragwürdigste aller „Delikatessen" das aromatisierte Trüffelöl.

Reis-Essig ist der häufigste Essig in der ostasiatischen Küche und besonders in China und Japan verbreitet. Reis-Essig wird aus Reiswein bzw. destilliertem Reiswein hergestellt. Die edelsten Qualitäten erzeugt man aus Körnern ohne äußere Schale, sogenanntem „poliertem" Reis.

Salsa di Balsamico Siehe Glasse.

Säuerungsmittel sind Lebensmittelzusatzstoffe, die zur Steigerung der Haltbarkeit eingesetzt werden. Die häufigsten Säuerungsmittel sind Zitronensäure, Milchsäure und Essigsäure. Allen gemeinsam ist die aggressive Schärfe, weshalb sie zwar gut sein mögen für die Haltbarkeit, nicht jedoch für den Geschmack.

Saure Würze Siehe Condimento.

Säure bringt Leben in die Speisen. Überall, wo Zitrone oder Wein zum Säuern angebracht erscheint, kann dies besser durch Essig bewirkt werden. Die Säure von hochwertigem Essig ist niemals aggressiv, denn guter Essig ist konzentrierter Wohlgeschmack aus dem Saft der Früchte.

Säuregehalt Das Gesetz fordert, dass Obst-Essig mindestens 5 % und Wein-Essig mindestens 6 % Säure enthält. Produkte, die weniger Säure enthalten, dürfen nicht als Essig bezeichnet werden (siehe –> Condimento).

Sherry-Essig In der Sprache der Erfinder: Vinagre de Jerez. Wird aus alten Sherryweinen gewonnen und lange Zeit in Fässern relativ warm gelagert. Typisch für Sherry-Essig sind der hohe Gehalt an Restalkohol (0,5 bis 1 % Vol.) und der damit verbundene Geruch und

Geschmack nach Lösungsmittel. Sherry-Essig enthält auch viel Essigsäure und sollte deshalb behutsam dosiert werden.

Tafelessig Siehe Branntwein-Essig.

Verjus Französisch für „grüner Saft". Auch Agrest oder Verjuice genannt. Wird aus unreif geernteten (grünen) Trauben hergestellt, wie sie bei der Weingartenbearbeitung im Zuge der Ertragsbegrenzung als Abfallprodukt anfallen. Verjus wird vor allem im Burgund anstelle von Essig oder Zitronensaft zur Säuerung von Speisen verwendet. Verjus wirkt vergleichsweise mild, weil er weniger Säure enthält als Essig, die Unreife der Trauben bewirkt aber, dass das Geschmacksbild des grünen Saftes häufig von Bitternoten belastet ist.

Vinegar Englisches Wort für Essig. Sehr ähnlich ist die Bezeichnung für Essig in anderen Sprachen: Vinaigre im Französischen oder Vinagre im Spanischen und Portugiesischen. Der lateinische Wortstamm acetum (für etwas Saures) hat sich unter anderem im italienischen Wort Aceto und im Polnischen Ocet besonders klar erhalten. Die Bezeichnung „White Vinegar" deutet im Englischen übrigens nicht so sehr auf die Farbe des Essigs hin, sondern bezeichnet dic Qualitätsstufe des –> Branntwein-Essigs.

Vitalität „Ein Tropfen Essig ist ein Tropfen Blut", heißt es in der chinesischen Heilkunde, denn Essig ist blutbildend. Besonders Apfel-Essig wirkt wegen seiner speziellen Gerbstoffe belebend und kann das Immunsystem stärken.

Weingeist-Essig Siehe Branntwein-Essig.

Winzer-Essig ist kein Qualitätshinweis und keine Sachbezeichnung, sondern lediglich ein Hinweis darauf, dass dieser Essig von einem Winzer erzeugt wurde oder vertrieben wird.

Wohlbefinden Ein kleiner Schluck Apfel-Essig oder ein Cocktail aus Apfel-Essig und Kastanienhonig vor dem Frühstück kann für gesteigertes Wohlbefinden sorgen. Das jedenfalls wird von unzähligen Menschen so gesehen. Apfel-Essig enthält – analog zu seinem Ursprung, dem Apfel – eine Fülle von wohltuenden Polyphenolen, welche nachgewiesenermaßen einen Beitrag zur Vitalität des Menschen leisten. Guter Essig tut gut und vermag auf vielerlei Art und Weise Wohlbefinden zu erzeugen.
Sei es in Form eines erfrischenden Essigtrunks oder durch seine verfeinernde Wirkung in den Speisen. Guter Essig ist bekömmlich und hinterlässt keine belastenden Säurespuren an den Magenschleimhäuten.

Zitronensaft wird in der mediterranen Küche gern als Säuerungsmittel verwendet.
Im Vergleich zu gutem Essig ist er aber recht eindimensional in der Aromatik.

Zutaten Falls Essig aus mehreren Zutaten hergestellt ist, müssen diese auf der Flasche aufgelistet werden. Anhand dieser Liste lässt sich erkennen, ob der Essig in hochwertiger Weise aus Früchten, Säften oder Weinen gewonnen wurde oder ob er seinen Geschmack aus zugesetzten Aromen bezieht.

WHO IS WHO,
WER

Der Hauch von frischfruchtiger Würze in aller Vielfalt. Siebzehn Essige aus der Manufaktur Gölles für unendlich viele Kochideen

PASST WOZU?

Der feinfruchtig-saure Überblick

Von A wie Apfel bis Z wie Zwetschke: Alles über das Aromaspiel der feinen Essige aus der Manufaktur Gölles und eine Sammlung reizvoller Ideen für die kreative Küche.

APFEL-ESSIG

Aus dem vergorenen Saft der steirischen Mostapfelsorten Maschansker, Bohnapfel, Ilzer Weinler, Rosenapfel oder Holzapfel gewonnen. Nach mehrjähriger Fasslagerung delikat und harmonisch im Geschmack, von fruchtiger Säure. Pur oder verdünnt wirkt er als Belebensmittel am Morgen. Als klassische Kombination mit Steirischem Kürbiskernöl für Salatmarinaden. Für den fein dosierten Hauch des edlen Würzens empfehlen wir den Gölles-Essigzerstäuber.

Die Kochidee: Salat von gebratenen Pilzen. Pilze putzen und in mundgerechte Stücke schneiden und gemeinsam mit ebenso vorbereiteten Jungzwiebeln braten, mit reichlich Petersilie versehen, mit Apfel-Essig abschmecken, mit Kernöl beträufeln, lauwarm servieren.

Die Apfel-Essig-Kochidee: Pilzsalat

BALSAM-APFELESSIG

Die Aromakraft altsteirischer Apfelsorten und die behutsame Vergärung und aufwändige Reifung machen diesen Balsam-Apfelessig zum Musterbeispiel seiner Art. Zu 100 % aus vollreifen Früchten gewonnen und mindestens acht Jahre in Eichenfässern ausgebaut, entwickelt er eine feine Sämigkeit und harmonische Geschmacksdichte, die höchste kulinarische Ansprüche erfüllt. Harmoniert wunderbar mit fruchtbetontem Olivenöl, aber auch mit Steirischem Kürbiskernöl. Schon wenige Tropfen dieser kostbaren Essenz verleihen pikanten Speisen eine elegante Würze. Balsam-Apfelessig passt auch hervorragend zu Terrinen, Sulzen, Frischkäse, den feinsten Salaten, Carpaccio und Desserts à la Panna cotta.

Die Kochidee: Geflügelleber mit Rhabarber. Geflügelleber schonend braten, mit bissfest gekochten Rhabarberscheiben anrichten, mit Balsam-Apfelessig besprühen.

BALSAM-BIRNENESSIG

Nach der traditionellen Methode durch das Vergären von eingedicktem Fruchtsaft gewonnen und im Holzfass bis zur perfekten Geschmacksharmonie gelagert. Mit seiner opulenten Fruchtigkeit aus vollreifen Birnen empfiehlt sich dieser Essig als Zutat für große Salate wie Waldorfsalat oder Backhendlsalat mit

Die Balsam-Apfelessig-Kochidee: Geflügelleber mit Rhabarber

Endivien, aber auch für einen Hauch von edler Säure auf voll ausgereiftem Käse wie Roquefort oder Vacherin.

Die Kochidee: Glacierte Hühnerbrust auf Duftreis. Jasminreis dämpfen, Rosinen und Nüsse unterheben. Hühnerbrust in Butter sanft braten, Butter mit Curry würzen und mit einem Schuss Balsam-Birnenessig ablöschen. Hühnerbrust darin glacieren.

BALSAM-WEINESSIG

Ein Essig der Prädikatsstufe „Trockenbeerenauslese". Das für Balsam-Essige typische Einkochen wird für diesen Essig völlig entbehrlich, denn die Konzentration der Aromen erfolgte bereits auf natürliche Weise in den Trauben. Jahrelange Lagerung in Eichenfässern bringt eine weitere Verdichtung der Extrakt-, Mineral- und Aromastoffe bei optimaler Erhaltung der Fruchtsäuren und des Zuckers. Sein Geschmack ist von nobler Eleganz und Süße bei einem milden Aromaspiel. Passt vorzüglich zu Meeresfrüchten, zu allerlei Gerichten mit fernöstlichen Akzenten, zu mediterranen Salaten und als edle Würze für dunkle Fonds und Saucen.

Die Kochidee: Garnelen mit Pfirsich. Garnelen in Olivenöl braten, Pfirsichspalten mit den Garnelen kurz erwärmen, mit Balsam-Weinessig und einem Hauch Knoblauch aromatisieren, mit Thymian bestreuen.

BIER-ESSIG

Dieser Essig wurde aus einem besonders gehaltvollen Bockbier schonend vergoren. Mit seiner malzigen Note empfiehlt sich dieser Essig für das Abschmecken deftiger Speisen, als Würze für klassische Jausengerichte wie Saure Wurst oder Saures Rindfleisch und Bierradi, aber auch zur Vollendung herzhafter Salate wie Endiviensalat oder Salaten mit herbwürzigen Kräutern wie Löwenzahn oder Rucola.

Die Kochidee: Krautfleckerln. Weißkraut schneiden und in Öl mit Knoblauch und Kümmel bissfest braten. Mit Bier-Essig ablöschen. Al dente gekochte Fleckerln und Petersilie unterheben, mit Sauerrahm servieren.

BIRNEN-ESSIG

Aus dem Saft alter Mostbirnensorten gewonnen. Fruchtig mit herben Facetten im Geschmacksgefüge. Dieser Frucht-Essig ist ein wertvolles Würzmittel für die feine Küche, hochinteressant für die Vollendung von kreativ zubereiteten Speisen. Für Salate wie Rucola, Löwenzahn oder

Die Balsam-Weinessig-Kochidee: Garnelen mit Pfirsich

Die Kirschen-Essig-Kochidee:
Salat von Roten Rüben

Die Most-Obstessig-Kochidee:
Salat mit Bohnen & Rübchen

Chicorée. Zum Abschmecken von Gerichten mit Karamellnote oder Nüssen. Intensiv-fruchtig im Geschmack und daher wohldosiert zu verwenden.

Die Kochidee: Kalbsleber mit Birnen und Avocado. Birnenspalten in Butter glacieren, mit Birnen-Essig ablöschen, mit Avocado- und Tomatenspalten anrichten, darauf glacierte Kalbsleber geben, mit Rucola oder Kresse garnieren.

HIMBEER-ESSIG

Aus dem Saft vollreifer Himbeeren. Als edle Marinade für hellblättrige Salate in Kombination mit Walnussöl. Dieser Frucht-Essig ist ein wertvolles Würzmittel für die feine Küche, hochinteressant für die Vollendung von kreativ zubereiteten Speisen. Zu Gerichten mit Sellerie und Nüssen, wie zum Beispiel Waldorfsalat. Zum Abschmecken exotischer Gerichte und Speisen mit Krustentieren.

Die Himbeer-Essig-Kochidee: Spargelsalat

Die Kochidee: Spargel-Pilz-Salat. Gekochten Spargel lauwarm mit Himbeer-Essig und Traubenkernöl marinieren, mit geschnittenen Pilzen, Kerbel und Walnüssen bestreuen.

KIRSCHEN-ESSIG

Das volle Aroma und der süße Schmelz dunkelfleischiger Kirschen machen diesen Essig zu einer echten Spezialität. Mit seinem intensiven Fruchtgeschmack ist er die ideale Zutat für die Zubereitung von Wildgerichten und Braten von dunklem Fleisch, aber auch vorzüglich geeignet für das Marinieren dunkler Blattsalate wie Lollo rosso oder Trevisiano. Auch für Gerichte mit Roten Rüben – ob als Salat, Suppe oder Beilage zu Fleischgerichten – passt dieser Essig optimal.

Die Kochidee: Salat von Roten Rüben. Junge Rote Rüben waschen und bürsten und in Wasser mit Kümmel kochen. Rüben schälen, mit Kirschen-Essig und Maiskeimöl marinieren, mit frisch geriebenem Kren bestreuen.

MARILLEN-ESSIG

Aus dem Saft pflückfrischer Marillen. Dieser Frucht-Essig ist ein wertvolles Würzmittel für die feine Küche, hochinteressant für die Vollendung von kreativ zubereiteten Speisen. Harmoniert hervorragend mit Krustentieren und gibt Gerichten mit fernöstlichem Charakter die gewünschte Fruchtigkeit. Besonders gut zu kombinieren mit duftigen Gewürzen wie Curry, Kardamom oder Ingwer.

Die Quitten-Essig-Kochidee:
Bratapfel mit Sauerkraut

Die Tomaten-Essig-Kochidee:
Carpaccio mit Sommergemüse und Melone

Die Kochidee: Ricotta-Rucola-Salat. Ricotta mit Marillenspalten und Rucolasalat anrichten, mit Marillen-Essig parfümieren, mit Salz und Pfeffer sparsam würzen und mit Traubenkernöl beträufeln.

MOST-OBSTESSIG

Kleinfruchtige Äpfel und Birnen von steirischen Mostobstbäumen sind die Grundlage für die Erzeugung dieses Essigs. Um die Fruchtigkeit zu erhalten, wird dieser Most-Obstessig besonders schonend vergoren, wodurch er eine feine Balance von lebendigen Apfel- und Birnenaromen und lebendiger Säure entwickelt. Harmoniert vorzüglich mit Steirischem Kürbiskernöl, passt besonders gut zu kräftigen Salaten mit Bohnen oder Rettich, zu Sulzen, Rindfleisch und allerlei Jausengerichten.

Die Kochidee: Salat aus Bohnen und Rübchen. Bohnen bissfest kochen, Rübchen fein hobeln, rote Zwiebeln fein schneiden. Alles mit schwarzem Pfeffer, Most-Essig und Rapsöl marinieren.

QUITTEN-ESSIG

Aus dem Saft hocharomatischer Quitten. Mit seiner herben Fruchtigkeit eignet sich dieser Essig ganz besonders für das Marinieren von Wurzelgemüse wie Schwarzwurzeln oder Rübchen sowie zum Abschmecken kraftvoller Ragouts und Saucen. Auch Spargelgerichte, geschmorter Chicorée oder fernöstliche Gemüsegerichte mit Sprossen erhalten durch Quitten-Essig eine besondere Note.

Die Kochidee: Sauerkraut-Bratäpfel. Kerngehäuse der Äpfel ausstechen. Äpfel mit Sauerkraut und gehackten Nüssen füllen und im Ofen braten. Mit Quitten-Essig beträufeln. Passt z. B. zu Wildgerichten.

TOMATEN-ESSIG

Aus dem Saft vollreifer Tomaten, fruchtig und mit der Süße der Tomaten. Der ideale Essig für das Aromatisieren mediterraner Gerichte, für das Abschmecken feiner Ragouts mit hellem Fleisch und Fisch, für den pikanten Akzent in appetitanregenden Vorspeisen und nicht zuletzt für die Zubereitung feiner Marinaden.

Die Kochidee: Carpaccio mit Sommergemüse und Melone. Gemüse wie Zucchini und Artischockenböden feinstblättrig schneiden, mit Tomaten-Essig, Olivenöl, Salz und Pfeffer marinieren und mit hauchdünnen Scheiben vom Rindsfilet und feinen Melonenspalten anrichten.

Die Schilcher-Essig-Kochidee:
Karotten-Kresse-Salat

ROSÉWEIN-ESSIG SCHILCHER

Schilcher ist eine steirische Spezialität unter den Weinen, die sich durch knackige Säure und große Fruchtigkeit auszeichnet. Dieser Essig wird aus dem Saft hocharomatischer Schilcher-Trauben gewonnen. Um das typische Aroma optimal zu erhalten, wird Schilcher-Essig nur in Edelstahlbehältern gereift. Mit seiner feinfruchtigen Frische ist er beispielsweise das ideale Würzmittel für Bohnen- und Erdäpfelsalate.

Die Kochidee: Karottensalat mit Kresse. Junge Karotten putzen und weich kochen. Mit Kümmel, Schilcher-Essig und Sonnenblumenkernöl marinieren, mit Kresse bestreut servieren.

WEISSWEIN-ESSIG VELTLINER

Grüner Veltliner ist die Parade-Rebsorte Österreichs und eine wertvolle Rarität unter den Weinen der Welt. Wie die Weine der großen Winzer zeigt auch dieser Essig, was im Veltliner steckt: Fruchtigkeit, Eleganz und frische Säure. Ideal zum Abschmecken von Ragouts und Saucen wie Sauce hollandaise, Mayonnaise, Sauce tartare oder Beuschel.

Die Kochidee: Erdäpfel-Vogerlsalat. Erdäpfel kochen, schälen und noch lauwarm in Scheiben schneiden. Mit einer Marinade aus Veltliner-Essig, Pflanzenöl, Senf, Salz und Pfeffer mischen. Mit gehackten roten Zwiebeln, Vogerlsalat und Schnittlauch vollenden.

Die Kochidee mit weißem Balsam-Essig: Fisch mit Früchten

Die Veltliner-Essig-Kochidee: Erdäpfel-Vogerlsalat

Die Zweigelt-Essig-Kochidee:
Auberginenpaste

Die Kochidee mit Zwetschken-Essig:
Rindsfilet mit grünem Pfeffer und Chicorée

WEISSER BALSAM-ESSIG

Die Verbindung von hochwertigem Weinessig und fruchtigem Traubensaft. Eignet sich besonders gut für das Verfeinern und Zubereiten von Speisen, die neben der eleganten Säure auch einen Hauch von fruchtiger Süße verlangen: für das Würzen heller Saucen zu Geflügel, Fisch- und Krustentieren, für die Zubereitung von Dressings für sommerlich-duftige Salate, für das Abschmecken von Spargel, Kohlrabi, Rettich oder Rübchen.

Die Kochidee: Fisch mit Früchten. Fischfilets dämpfen, mit weißem Balsam-Essig beträufeln, mit gewärmten Pfirsich-, Nektarinen- oder Marillenspalten und mit Curryreis als Beilage servieren.

ROTWEIN-ESSIG ZWEIGELT

Zweigelt ist eine typisch österreichische Weinspezialität, welche auf Grund der Fülle und Dichte im Geschmack ideal für die Vergärung zu Rotweinessig ist. In Kombination mit Olivenöl ist Zweigelt-Essig eine delikate Zutat für Salate und Antipasti der mediterranen Art. Er eignet sich auch hervorragend zum Abschmecken von Ragoutgerichten der Wiener Küche, wie zum Beispiel Gulasch, Krautfleisch oder Erdäpfelgulasch.

Die Kochidee: Auberginenpaste. Geschnittene Auberginen in Olivenöl anschwitzen, mit Sauerrahm weich kochen, pürieren, mit Zweigelt-Essig, Knoblauch und Cayennepfeffer abschmecken. Ein feiner Brotaufstrich!

ZWETSCHKEN-ESSIG

Aus dem frisch gepressten Saft von steirischen Hauszwetschken behutsam vergoren. Mit seiner lebhaften Säure und dem kraftvollen Fruchtaroma ist der Zwetschken-Essig ideal für das Abschmecken von Wildragouts und Saucen zu schwerem Geflügel wie Truthahn, Ente oder Gans. Auch Wok-Gerichten mit dunklem Fleisch oder Krustentieren verleiht dieser Essig eine überaus interessante Note.

Die Kochidee: Filetsteak mit grünem Pfeffer und Chicorée. Steaks und geviertelten Chicorée in einer Mischung aus Butter und Pflanzenöl farbgebend anbraten, mit einem kleinen Schuss Zwetschken-Essig ablöschen, grünen Pfeffer dazugeben und im Backofen fertig braten.

Das Kulinarische Vulkanland

Die Top-Destination für Reisende mit Geschmack: das fruchtige Land um Riegersburg.

Die Manufaktur Gölles und Riegersburg liegen inmitten des steirischen Obstlands, das feinsinnigen Genießern viel mehr als nur sonnengereifte Früchte zu bieten hat. Hier gedeiht auch vorzüglichster Wein, hier werden feinste Schinken und Fleischspezialitäten hergestellt, bekömmlichste Öle gepresst, echte Delikatessen eingelegt und sogar Schokoladen von Weltruf komponiert. Weil das Angebot an Köstlichkeiten aus der regionalen Landwirtschaft so groß ist, findet der genussvoll Reisende im sogenannten „Kulinarischen Vulkanland" auch eine ganze Reihe höchst angenehmer Gasthäuser und Restaurants mit kreativer Küche. All das macht das kulinarische Vulkanland um Riegersburg zu einer Top-Destination für Genießer.

Für tiefere Einblicke in das Wesen und die Bereitungsmethoden von feinem Essig und edlen Destillaten sind Besucher in der Manufaktur Gölles von Montag bis Samstag von 8 bis 17 Uhr herzlich willkommen. Betriebsführungen sind gegen Voranmeldung möglich (Adresse unten).

Für mehr Informationen über das Kulinarische Vulkanland und den Kulinarischen Herbst besuchen Sie bitte
www.kulinarisches-vulkanland.at

Über genussvolles Wohnen im Weinberg unweit der Riegersburg informiert Sie
www.genusshotel-riegersburg.at

ESSIGMANUFAKTUR GÖLLES
A-8333 Riegersburg, Stang 52
Tel.: +43/3153/75 55
Fax: +43/3153/75 55-30
obst@goelles.at, www.goelles.at

9007203002160

9007203002115

9007203002061

9007203002016

9007203002566

9007203002610

9007203006616

9007203002009